大洋洲文化研究 （第二辑）

OCEANIAN CULTURAL STUDIES VOLUME 2

詹春娟／主编　　朱蕴轶／副主编

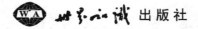世界知识出版社

图书在版编目（CIP）数据

大洋洲文化研究. 第二辑 / 詹春娟主编；朱蕴轶副主编.-- 北京：世界知识出版社, 2023.12
ISBN 978-7-5012-6718-7

Ⅰ.①大… Ⅱ.①詹… ②朱… Ⅲ.①文化—研究—大洋洲 Ⅳ.①G16

中国国家版本馆CIP数据核字（2024）第013821号

责任编辑	谢 晴
责任出版	赵 玥
责任校对	陈可望

书　　名	**大洋洲文化研究（第二辑）** Dayangzhou Wenhua Yanjiu (Dierji)
主　　编	詹春娟
副 主 编	朱蕴轶
出版发行	世界知识出版社
地址邮编	北京市东城区干面胡同51号（100010）
网　　址	www.ishizhi.cn
电　　话	010-65233645（市场部）
经　　销	新华书店
印　　刷	北京虎彩文化传播有限公司
开本印张	710毫米×1000毫米　1/16　12⅜印张
字　　数	200千字
版次印次	2023年12月第一版　2023年12月第一次印刷
标准书号	ISBN 978-7-5012-6718-7
定　　价	68.00元

目　录

新西兰文化研究

太平洋岛国文化研究

特稿

澳大利亚联邦建立前
殖民史界分与叙事

汪诗明 [①]

摘要：联邦成立前英国在澳洲的殖民史可以大体界分为三个时期，即殖民地开拓时期、殖民地自治时期和殖民地联合时期。殖民开拓时期拉开了英国殖民澳洲的序幕，原住民世代享有的宁静生活从此一去不返，自此沦为澳洲白人社会的边民；殖民地自治时期是澳洲由囚犯殖民地向公民殖民地转型的重要阶段，自治是自由移民成为社会主体后在政治上提出合理诉求及宗主国与殖民地之间不断妥协的结果；而不同时期建立的殖民地由各自为政走向联合是殖民地自身在治理方面所做出的一种探索，其目的就是确保殖民地整体利益的实现及各自利益最大化。

关键词：原住民；殖民化；淘金热；殖民地自治；澳大利亚联邦

所谓历史界分，就是对被研对象的整个或部分历史进行一个阶段性划分，这样的划分是基于一定的认知和价值判断。界分的主要目的有两个方面：一是客观呈现历史演进的轨迹及其特点；二是便于历史叙事的结构安排和主题铺展。英国在澳洲的殖民史在澳大利亚历史中占有重要地位，这不仅因为这一时期是欧洲白人在澳洲的殖民开拓时期，而且是这里的原住民遭受屈辱历史的发端。如何看待和书写这一段历史，这不仅是一个学术命题，也是一个有关澳大利亚

① 汪诗明，华东师范大学政治与国际关系学院教授，博士生导师，研究方向为大洋洲历史与文化、区域与国别问题。本文是中国历史研究院国家社科基金重大招标项目"大洋洲历史文献整理与研究"（23VLSO28）的阶段性研究成果。

民族或国家的历史建构议题。澳大利亚学界对这一段历史的划分可谓五花八门，兹举两个代表性著作为例。曼宁·克拉克在《澳大利亚简史》中将这一段历史细分为八个阶段或八个主题，即"罪犯和移民（1788—1809 年）""麦考里时代（1810—1821 年）""过渡（1821—1831 年）""移民和牧地借用人（1831—1842 年）""政治和文化（1843—1851 年）""黄金（1851—1861 年）""资产阶级的时代（1861—1883 年）""激进派和民族主义者（1883—1901 年）"。① 斯图亚特·麦金泰尔的《澳大利亚史》将这一时期划分为"新来者（约 1600—1792 年）""强制时期（1793—1821 年）""刑释年代（1822—1850 年）""进步时代（1851—1888 年）""民族重建（1889—1913 年）"五个阶段。② 不难看出，两位学者均是以特定时期的主题来界分和叙事的，至于主题之间存在什么样的逻辑关联，读者从标题中是很难发现线索的。本文在参鉴上述及其他史家对这一段历史的认知和界分的合理成分的同时，以中国学者的认识和分析视角对其进行界分和叙事，意在为读者了解澳大利亚殖民史提供一条更为简洁和清晰的认知路径。

一、殖民地开拓时期（1788—1850 年）

澳大利亚被殖民化的序幕始于 17 世纪，止于 1901 年澳大利亚联邦的建立。这一时期是西方文明尤其是大不列颠文明大力向外扩张的阶段，也是大洋洲原住民文化遭到西方文化侵蚀的时期。澳大利亚从此被纳入资本主义经济、政治和文化体系当中，成为大英帝国不可分割的一部分；原住民社会此后完全受制于白人移民社会，原住民因此沦为澳洲白人社会的"边民"。

对于早期欧洲航海家来说，澳洲就是一块"未知的南方大陆"。这是一块长期以来存在于人们想象之中的充满珍禽异兽和各种宝藏的地方。在对"未知的南方大陆"的殖民探险中，英国并不是领航者，西班牙、葡萄牙和荷兰均先

---

① 曼宁·克拉克：《澳大利亚简史》（上册），中山大学《澳大利亚简史》翻译组译，广东人民出版社，1973，目录第 1 页。

② 斯图亚特·麦金泰尔：《澳大利亚史》，潘兴明译，东方出版中心，2009，目录第 1 页。

于英国来到这个多岛海区。17世纪中叶后，英国人开始粉墨登场了。威廉姆·丹皮尔（William Dampier）是第一个探寻"新荷兰"的英国人。1688年，他来到澳大利亚的北部海岸。18世纪中叶，带着对控制这个区域的可能性的憧憬，英法两国的冒险家们在此不期而遇。在这些探险者中，最著名的当属英国人詹姆斯·库克（James Cook）。从1768—1779年，他的船队进行了三次远洋航行，尤以首次航行影响最大。[①] 1770年4月28日，库克一行到达澳洲东海岸。库克在其日记中写道："下午，放出舰载艇和快艇，试着登陆，但舰载艇进水了，只好马上吊起堵塞漏洞。就在这时，我们看见岸上有一些人，其中四个人抬着一条小艇或独木舟，我们以为他们是把小艇放下水离开岸上到我们这边来，但我们猜错了。当时，班克斯先生、索兰德博士、图皮亚和我自己划着快艇已经离开大船，离岸距离不超过两英里，我们打算划到岸边一个地方登陆，那儿有四五个人，当我们靠近岸边的时候［他们］跑到林子里去了，这让我们很失望，我们本来想靠近一点看看他们长得什么样，并试试看能不能和他们说说话。更让我们失望的是，根本找不到地方登陆，巨浪到处拍打着那儿的海岸。……" 4月29日，库克一行还是在一处海湾登陆了。"下午，吹南风，天晴。我们乘风驶进那个海湾，……驶进海湾的时候，在两个岬角上都看见有一些土著人，还有几间窝棚。船舷正对的南岸上有一些男人、女人和孩子，……我们靠近岸边的时候，他们跑了，只有两个男人留下来，似乎是决意要阻止我们登陆。"[②] 5月6日，"傍晚，捕鱼的快艇回来，……班克斯先生和索兰德博士在这个地方收集了极大量的从未见过的植物，我因此将这个地方命名为'植物学湾'。……我们停留在这个港湾期间，我要求每天在岸上展示英国国旗，我们还在取水点附近的一棵树上刻了一个铭牌，记下船的名字、日期等内容"。5月7日，"正午时分，我们通过测量是在纬度南纬33度50分的位置，距离陆地约2到3英里，船舷正对一个海湾或者港湾，那里面好像有安全锚地，我把它叫作'杰克

---

① Vanessa Collingridge, *Documents of Australian History* (Victoria: Five Mile Press, 2008), pp. 16-17.

② 詹姆斯·库克著，比格尔霍尔编：《库克船长日记——"努力"号于1768—1771年的航行》，刘秉仁译，商务印书馆，2013，第324—325页。

逊港。'它在植物学湾以北 3 里格处。"[1] 后来库克一行沿澳洲东南海岸线北上，6 月 11 日航行至大堡礁（Great Barrier Reaf）一带，并于 8 月末抵达澳洲的最北端——约克角。[2]

在库克回国呈交有关新南威尔士报告的 15 年之后，英国政府才做出了正式殖民澳洲的决定。毫无疑问，这是一个大胆的决定。虽然新南威尔士后来被证明是一个适宜殖民的繁庶之地，但英国政府当时对那里的环境是什么样子几乎是一无所知。新的殖民地是靠运气才克服最初遇到的诸多问题的。[3] 1787 年 5 月 13 日，英国海军军官阿瑟·菲利普（Arthur Philip）率领由 11 艘船组成的"第一舰队"从朴次茅斯港启航，开始了殖民澳洲之旅。首航舰队由两艘军舰、6 艘运输船和 3 艘供应船组成，运来了种子和秧苗、耕犁和轭具、马和牛、绵羊和山羊、猪和禽类，以及可供食用两年的食物。[4] 随行的人员中有 736 名被选中的罪犯，其中男性与女性的比例为 3:1。[5] 因为罪犯需要看管，英国政府遂派了 4 个连的水兵一同前往。1788 年 1 月 26 日，船队在今天悉尼歌剧院附近的一个港湾下锚登陆，升起一面米字旗，并以时任英国殖民大臣悉尼勋爵（Lord Sydney）的名字命名为"悉尼港"。[6] 2 月 7 日上午，"太阳从树顶升起，雨水湿透的大地热气直冒，这时，海军陆战队乐队把所有殖民者召集上岸，听取总督宣读委任令。菲利普站在一张折叠桌旁，与比他低一级的高级殖民官——副总督罗伯特·罗斯、军法官戴维·柯林斯，牧师理查德·约翰逊和外科大夫

---

[1] 詹姆斯·库克著，比格尔霍尔编：《库克船长日记——"努力"号于 1768—1771 年的航行》，第 330—333 页。

[2] Nicholas Thomas, "The Uses of Captain Cook: Early Exploration in the Public History of Aotearoa New Zealand and Australia", in Annie E. Coombes (ed.), *Rethinking Settler Colonialism: History and Memory in Australia, Canada, Aotearoa New Zealand and South Africa* (Manchester: Manchester University Press, 2006), pp. 141-142.

[3] P. J. Marshall, "1783-1870: An Expanding Empire", in P. J. Marshall (ed.), *The Cambridge Illustrated History of the British Empire* (Cambridge: Cambridge University Press, 1996), p. 36.

[4] 斯图亚特·麦金泰尔：《澳大利亚史》，第 28 页。

[5] 第一舰队究竟载了多少名犯人前去澳洲，这可以说是一个悬案。科布里的数字是 778 人，克劳里认为是 736 人。凡此种种，不一而足。参见罗伯特·休斯：《致命的海滩：澳大利亚流犯流放史：1787—1868》，欧阳昱译，南京大学出版社，2014，第 81 页。

[6] 悉尼港就是库克在第一次航行中所命名的"杰克逊港"。

约翰·怀特等——在一起。桌上的两只皮夹子内，装有乔治三世的印玺和殖民地委任状。一阵隆隆的击鼓声和针头一样尖细的横笛声之后，犯人像牲口一样，绕着绅士和官员，围成一圈。士兵又在他们周围再围成一圈。犯人按照命令，都要蹲下来。士兵荷枪实弹，端着毛瑟枪，继续站立。这个简单的舞美编排设计，等于是对重大权力交接做了一个总结。

"柯林斯宣布了皇家的指令，授予菲利普总督主持宣誓仪式、任命官员、召开刑事法庭和民事法庭，以及解放囚犯等权力——也就是司空见惯的帝国官样文章。他有权招募军队，实施军法，并且，'只要你认为有必要，就可以修建要塞、炮手站台、城堡、城市、自治城市、城镇和防御工事，想修建多少，就修建多少'。"①

这一仪式在英帝国对外殖民进程中已不止一次地上演过，它既是一个具有象征意义的仪式，又是一个必需的步骤。通过这一仪式，阿瑟·菲利普宣誓就任新南威尔士总督兼驻军司令官。也就是说，英国当时既没有得到土著居民的允许，也未与他们有过任何形式的磋商或谈判，就任性地占领了新南威尔士这片广大的地区。后来，"第二舰队"和"第三舰队"也来了，除了运来大量的罪犯，还带来了殖民者来自家乡的信件。罪犯是越来越多了，但殖民地能不能养活他们，这的确是一个问题。好在这些罪犯在严加看管之下，还可以充作劳力。为了维持殖民地的生存，圈占原住民的土地、拓荒垦殖就成了早期殖民活动的主要内容。② 迨至1792年阿瑟·菲利普返回英国时，种植谷物、蔬菜和水果的面积已达600公顷。③ 这是菲利普早期拓荒与治理的成功之处，但他最大的败笔就是未能处理好与当地土著的关系。

英国将罪犯遣送至"未知的南方大陆"究竟是出于什么样的动机或目的？目前能够接触到的史料并没有一个确论。无论是寻找一个永久的罪犯流放之地或是利用罪犯来开拓海外殖民地，二者似乎都有其合理的成分，但又显得不那

---

① 罗伯特·休斯：《致命的海滩：澳大利亚流犯流放史：1787—1868》，欧阳昱译，南京大学出版社，2014，第102页。

② 沃特金·坦奇：《澳洲拓殖记》，刘秉仁译，商务印书馆，2008，第107—126页。

③ 斯图亚特·麦金泰尔：《澳大利亚史》，第29页。

么充分。不过在认识这一问题时，有两个事件是可以用来做参照的。一是北美独立战争。美国建国及英军败退意味着北美向英国关闭了罪犯流放的大门。既然存在如此处理罪犯的思路与做法，那么寻找一个替代之所就是顺理成章之事。所以在北美独立战争之后，也许是澳大利亚，也许是其他地方，都有可能成为英国安顿罪犯的场所。二是詹姆斯·库克的远洋航行。从时间上看，詹姆斯·库克的远洋之行要早于北美独立战争的爆发。出征前，詹姆斯·库克接受的旨意就是寻找"未知的南方大陆"。他被告知，如果发现有人居住的土地，就"尽力使用所有合适的手段与对方建立友谊并缔结同盟"；"在征得土著的同意下，以大不列颠国王的名义去占领这个国家的有利位置"；"如果你发现无人居住的地方，就树立适当的标记和刻下题词作为首个发现者和拥有者的证据，并以国王陛下的名义占领它"。① 正因为如此，当阿瑟·菲利普率领"第一舰队"在植物湾登陆时，他就急不可耐地宣布新南威尔士是英国的殖民地。如果说詹姆斯·库克的远洋之行带有殖民探险和投石问路的色彩，那么阿瑟·菲利普一行的宣誓行为就是早有预谋了。由此可见，将罪犯流放到澳洲的并不只是解决罪犯问题，而是有着较为复杂的动机。

尽管流放制度被认为既不经济，在道德教化方面亦存在缺陷，但英国还是源源不断地向澳洲输送罪犯。在早年流放犯中，英格兰人居大多数，其次是爱尔兰人，苏格兰人廖寥无几。在殖民地初创时期，对流放犯的管束是较为严苛的。不过，到了拉克伦·麦夸里（Lachlan Macquarie）任总督期间（1810—1821年），他实行了宽严相济的措施，因为此时的新南威尔士不仅是一个罪犯流放之地，也被看作一个殖民地社会。既然是一个"社会"，它就需要与之匹配的要素，比如学校、医院、银行等公共设施或机构。为此，麦夸里重视农业和畜牧业的发展；兴建医院、教堂和法院；创办银行；发行货币；开办学校；修筑道路；强制推行安息日制度；禁止使用含酒精的饮料；对流放犯实行较为开明的政策。麦夸里的上述做法招致一些贵族保守人士和自由民的非议和不满，使得在政治上出现了界限分明的对立两派——"解放论派"（Emancipists）和"排

---

① 汪诗明：《殖民前的澳洲并非"无主地"》，《安徽史学》2020年第2期，第130—131页。

斥论派"（Exclusionists）。①

这一时期也是对原住民进行屠杀、驱赶和隔离的时期。白人殖民前，澳洲是原住民世代栖息的家园，他们已在这里生活了五万年甚至更久，创造了丰富多彩且独具特色的文化，甚至发明了能够在海上航行 80 公里的交通工具。其人口在 30 万至 100 万间，约有 500 个不同的区域部落。②白人殖民者的突然出现，不仅打乱了原住民的宁静生活，而且让两种文明或文化的对抗成为此后澳洲历史演进的基调。起初，土著民族与定居者大体上保持着非暴力的关系，因为彼此正面接触或发生直接冲突的机会并不多。然而，殖民者的贪婪及迅速扩张却扼杀了这种可能性。在一系列遭遇战中，土著死伤惨重，白人也付出不小的代价。③殖民者在海外对待当地土著的暴行不时传到伦敦，引起了一些宗教人士及人道主义者的关注、忧虑，甚至谴责。1836 年，伦敦的基督教福音派教徒创立了英国与外国土著保护协会。该协会在英国议会进行游说，敦促成立一个调查原住民问题委员会。④澳洲随后设立了"土著保护官"（Protector of Aborigines）以示回应。"土著保护官"被要求学习土著语言和了解土著的风俗习惯，其职责就是保护土著权利，反对剥夺其财产，保护他们免遭残酷暴行、压迫和非正义行为。但在殖民语境下，区区几个"土著保护官"根本保护不了当地土著。⑤相比较而言，在 18—19 世纪，最大的杀手无疑是白人给毫无免疫

① John Molony, *History of Australia: The Story of 200 Years* (Ringwood: Penguin Books Australia Ltd., 1987), pp. 40-41；戈登·格林伍德：《澳大利亚政治社会史》，北京编译社译，商务印书馆，1960，第71—73页。

② Al Grassby, *The Australian Republic* (Leichhardt: Pluto Press Australia, 1993), p. 1; Damien Short, *Reconciliation and Colonial Power: Indigenous Rights in Australia* (Aldershot: Ashgate Publishing Limited, 2008), pp. 31-32.

③ Richard Broome, *Aboriginal Australians: A History since 1788*, Fourth Edition (Crows Nest: Allen & Unwin, 2010), pp. 42-43.

④ Robert Tickner, *Taking a Stand-Land Rights to Reconciliation* (Crows Nest: Allen & Unwin, 2001), p. xiii.

⑤ A. T. Yarwood and M. J. Knowling, *Race Relations in Australia: A History* (Melbourne: Methuen Australia PTY LTD, 1982), p. 14, pp. 88-95; Samuel Clyde McCulloch, "Sir George Gipps and Eastern Australia's Policy toward the Aborigine, 1838-46", *The Journal of Modern History*, Sep., 1961, Vol.33, No.3, pp. 261-269.

力的土著带来的诸多疾病，如水痘、天花、流感、性病以及麻疹等。[①] 殖民者在土著身上所犯下的罪行可谓罄竹难书。在一些历史学者看来，"欧洲人残暴地剥夺了土著的土地，毁坏了他们的同质、田园般的社会，导致土著绝非被动地去抵制这种入侵，最后，由于屠杀以及引进的疾病，土著人口损失惨重，他们的文化被压制，他们被迫沦为欧洲社会的边民，被当作廉价的劳动力而受到剥削，或者被驱赶到保留地，或者完全被殖民者所遗忘"[②]。

二、殖民地自治时期（1850—1883 年）

1850 年前的澳大利亚不过是一个地理概念，1850 年后，一些殖民者开始视澳大利亚是自己的家乡。[③] 发生这一转变的一个重要动因是大量自由移民的到来。自由移民的到来不仅改变了殖民地的人口结构，也在潜移默化地影响澳洲的政治环境。当自由民对罪犯流放制度感到不满时，向澳洲输送罪犯就不再是一个明智的决定。对殖民当局来说，暂停向新南威尔士输送罪犯就是一个不得不做出的决定。

从 1820 年开始，澳洲就有关于黄金发现的报道。1851 年夏季，爱华德·哈格里夫斯（Edward Hargraves）在新南威尔士的巴瑟斯特（Bathurst）发现了大量黄金。在那个贪恋黄金、嗜财如命的时代，这个意外发现不仅在澳洲掀起了淘金狂潮，而且给澳大利亚各殖民地带来了巨变。第一，澳洲成为富有之地。1852 年，新南威尔士金矿产量达到 26.4 吨（850 万盎司），维多利亚的金矿产量为 174 吨（560 万盎司）；1856 年，维多利亚的金矿产量达 93 吨（305.3744 万盎司）。整个 19 世纪 50 年代，维多利亚的黄金产量占世界产量的三分之一。1851—1896 年，维多利亚的黄金总产量达到 1895 吨

---

① Richard Broome, *Aboriginal Australians-Black Response to White Dominance 1788-1980* (Sydney: Allen & Unwin, 1982), p. 42.

② Bain Attwood, *The Making of the Aborigines* (Sydney: Allen & Unwin, 1989), p. 135.

③ Charles S. Blackton, "The Dawn of Australian National Feeling, 1850-1856", *Pacific Historical Review* (May, 1955), Vol.24, No.2, p. 121.

（6103.4682 万盎司）。^①到了 19 世纪 60 年代，澳洲的人均收入比同期的美国高出 50%，比英国高出 100%。^②第二，加快罪犯流放制度的废止。向澳洲输送罪犯从一开始就是一个争议连连的问题。1837—1838 年，英国议会下院对流放制度进行了仔细审查。调查委员会认为，在政策允许的范围内，尽快停止向新南威尔士和范迪门地（Van Diemen's Land）流放罪犯，并针对英国的监狱体制提出了几条建议。1840 年 5 月，英国政府下令，取消对澳洲的罪犯流放制度，但仍然允许将罪犯流放到范迪门地和诺福克岛（Norfolk Island）。在其后的几年中，每年仍约有四千名重罪犯被流放到范迪门地。1844 年，英国欲将 370 名罪犯输送到澳大利亚。由于得知范迪门地的监狱已经爆满，英国政府允许罪犯在菲利普港（Port Philip）登陆，但遭到当地居民的抗议和反对。1851 年，反流放制度联盟成立，其拥护者遍布所有殖民地。^③因为没有哪个殖民地希望看到在英国罪犯继续流放澳洲的情况下实现政治上的自治。^④当人们对公开集会和请愿等表达不满的方式的有效性表示质疑时，一种与宗主国分离的思想或情绪开始在殖民地蔓延。^⑤值得注意的是，在"淘金热"兴起仅两年之内，新移民人数就超过了过去 70 年流放犯人数的总和。十年之内，非土著人口增加了近两倍，即由 1851 年的 43 万人增加到 1861 年的 115 万人。^⑥在这种情况下，结束罪犯流放制度就势在必行。1866 年，英国政府终于废除了向澳洲流放罪犯的制度。第三，殖民地经济发展迅速。"淘金热"不仅刺激了矿业经济的发展，畜牧业、种植业、制造业、交通运输业等行业也在这一时期兴盛起来。^⑦第四，基础设施建设受到重视。金矿的开采促进了城镇的发展，如墨尔本西北

---

① Vic Ridgley, "The History of Australian Gold Rush", November 22, 2018, https://mineralexpert.org/article/australian-gold-rush-mining. accessed 2022-10-06.

② John Molony, *History of Australia: The Story of 200 Years*, p. 121.

③ 欧内斯特·斯科特：《澳大利亚史》，陈晓译，华文出版社，2019，第 325—333 页。

④ Charles S. Blackton, "The Dawn of Australian National Feeling, 1850-1856", p. 123.

⑤ Mark McKenna, *The Captive Republic: A History of Republicanism in Australia 1788-1996* (Cambridge: Cambridge University Press, 1996), pp. 69-70.

⑥ 斯图亚特·麦金泰尔：《澳大利亚史》，第 79 页。

⑦ John Molony, *History of Australia: The Story of 200 Years*, p. 122.

部的内陆就出现了许多城镇。因此，殖民地政府开始对铁路、电报、邮政、学校、城市服务和其他基础设施进行重大投资。如在铁路方面，1850 年开始修建，1861 年铁路里程达到 243 英里，1881 年更是增至 2800 英里。在电报方面，殖民地于 1858 年晚期就实现了电报联系。到 1861 年，在四个东部殖民地境内，设立了 110 个电报站。[①] 第五，平等意识得到了强化。淘金者形形色色，来自世界各地，对自由和平等的向往则是他们身上共同的符号；财富的增加与累积使得他们争取自由和平等的意识和自信变得日益显著起来，反抗殖民当局的欺凌及巧取豪夺就成为他们的一种正义之举。比如，淘金者开始对每月执照费征收中所遭受的欺侮感到愤愤不平。1854 年，约 1000 名淘金者聚集在巴勒拉特（Ballarat）外围的尤里卡（Eureka），打出一面蓝底白色十字星的旗帜，发出他们的誓言："我们在南十字星下宣誓：我们相互之间要肝胆相照，英勇奋斗来维护我们的权利和自由。"这就是著名的"尤里卡暴动"。"尤里卡暴动成为民族神话形成中的一个伟大事件，南十字星成为自由独立的象征。激进民族主义者赞扬它为反抗帝国政府的民主起义和工人运动产生的第一个伟大事件。"[②] 第六，为"白澳政策"的出台埋下伏笔。华人劳工是"淘金热"期间移民澳大利亚淘金工的一个重要组成部分。1851—1852 年，有几千名华人劳工来到澳大利亚；1855 年，就有 11500 名华工来到维多利亚。[③] 由于工作勤勉又不辞辛劳，他们在经济上相对成功。华人劳工的成功让欧洲矿工感到恼怒，以致华人家属被禁止与他们在澳洲的丈夫和父亲团聚。"1855 年 6 月，维多利亚首次不公正地向华人征收入关税，每 500 吨货物方可引进一名华人，这个政策意在遏止华人进入。"[④] 对华人劳工的敌意逐渐系统化成一种种族意识和一项非

---

① Gayle R. Avant and Kevin T. Livingston, "The Wired Continent: An Interview", *The Australian Quarterly*, Vol.69, No.2 (Winter, 1997), p. 52.

② 斯图亚特·麦金泰尔：《澳大利亚史》，第 81 页。

③ Mae M. Ngai, "Chinese Gold Miners and the 'Chinese Question' in Nineteenth Century California and Victoria", *The Journal of American History*, Vol.101, No.4 (March 2015), p. 1087.

④ 艾瑞克·罗斯：《澳大利亚华人史（1888—1995）》，张威译，中山大学出版社，2009，第 6 页。

官方的"白澳政策"①，并在 1901 年的移民法中得到了充分演绎。②

当自由移民犹如过江之鲫涌入澳洲且把追求自由和平等当作自己的使命时，当殖民地的财富积累到可以随意挥霍、夜夜笙歌进而放纵自己时，当殖民地在"淘金热"的刺激下生发各种新的产业而呈现繁荣景象时，那种把殖民地当作囚犯监狱来经营的管理模式就难以为继了，必须寻求一种替代模式。这种新的治理模式针对的主体不是来自宗主国的犯人，而是将自己与罪犯划清界限的大量自由民；解决的问题不再是如何惩罚和改造犯人，而是如何尽快结束罪犯遣送及如何因应自由移民对一个新社会的诉求。

质言之，自治是自由民的选择，但肯定不是殖民当局所心仪的选择。因为自治意味着殖民统治权威的丧失及与其有关的利益的减损。③ 但从长远来说，自治不失为让殖民地摆脱治理困境的有效路径之一。作为殖民宗主国，英国在漫长的中世纪及近代在此方面有着深刻的体验。比如，在建立海外殖民帝国的过程中，殖民地人民因自治或独立的要求未得到满足而与宗主国反目成仇、兵燹相见的场面并不鲜见。正如马克·迈克科纳（Mark McKenna）所言："美国的可怕教训……肯定教会英国在对待澳大利亚各殖民地方面要更加小心谨慎。"④ 于是，坚持自己的既定立场及在迫不得已时作出必要的或一定的妥协就成为英国内政或外交不是传统的传统了。这项传统同样适用于澳洲。

自治意味着澳洲的自由民可以管理自己的事务，意味着与过去的殖民管制规则相分离，意味着权力的转移或分享，意味着纳税人的钱不再为少数人所掌控。也就是说，自治将给澳洲社会带来很多与以前不一样的东西。所以，英国方面一开始对殖民地提出的自治要求是持怀疑态度和反对立场的，原因是各殖

---

① "白澳政策"的概念或提法源于何时，相关说法不一。有一种观点认为，英国殖民局于 1841 年就对"白澳政策"进行了解释，认为澳大利亚将保留给英国人。这一立场迎合了当时盛行的种族优越论。参见 R. Lockwood, "British Imperial Influences in the Foundation of the White Australia Policy", *Labour History*, Nov., 1964, No.7, p.26.

② Vic Ridgley, "The History of Australian Gold Rush".

③ A. G. Shaw, "British Attitudes to the Colonies, 1820-1850", *Journal of British Studies*, Vol.9, No.1 (Nov., 1969), pp. 71-95.

④ Mark McKenna, *The Captive Republic: A History of Republicanism in Australia 1788-1996*, p. 16.

民地的自治条件尚不成熟。那么，自治的条件是什么呢？恐怕没有人能够说得清楚。1839 年，达勒姆伯爵（Earl of Durham，1792—1840）发布了一份关于加拿大政府的重要报告，称北美地区的英国殖民地建立了完全自治的政府体制。他认为，母国管理殖民地的唯一有效方式，就是将自治权交给殖民地。①

在澳洲殖民地选择自治的道路上，英国后来还是做出了妥协。这主要体现在宪政方面的一些改革中。宪政方面的发展在于修正总督的行政权和立法权。1842 年 7 月，《新南威尔士和范迪门地政府法案》（*An Act for the Government of New South Wales and Van Diemen's Land*）在英国议会获得通过，为当地引入了选举制度。其中规定罪犯没有公民权，但刑释者或得到有条件赦免的罪犯可以有投票权；投票者必须拥有价值二百英镑的自由财产；议会成员必须拥有价值两千英镑的自由财产或每年一百英镑的收入。② 1842 年 12 月，新南威尔士宪法在久盼之后获得了英国议会的批准。根据这部宪法，新南威尔士将成立一个由 36 人组成的一院制立法机构，其中 12 人由选举产生。不难瞥见，这部宪法并没有给殖民地带来责任制政府，也没有提供自治的模式。虽然总督不再是立法机构的成员，但拥有拒绝提案、提出修改建议或者保留王室同意的权利。王室也拥有在两年之内否决由总督同意的任何立法提案的权力。③

1850 年 8 月，具有重要意义的《澳大利亚殖民地政府法案》（*Australian Colonies Government Act*）问世。该法案确认将澳大利亚东南部的菲利普港地区从新南威尔士分离出去，建立一个单独的殖民地，并以女王之名命名为维多利亚。④ 这部法案允许维多利亚成立自己的上议院，其中三分之二的代表由选举产生。然而，比这一法案的实际作用更重要的是，它授予了殖民地自主权。法案第 32 条规定，殖民地可以成立立法机构，通过适时修正公民权和宪法以适应其利益需求。该法案通过后，澳大利亚的五个殖民地开始由通过各自选举产

---

① 欧内斯特·斯科特：《澳大利亚史》，第 344 页。

② 同上，第 342—343 页。

③ Mark McKenna, *The Captive Republic: A History of Republicanism in Australia 1788-1996*, pp. 33-34.

④ The Editors of Encyclopaedia Britannica, "Australian Colonies Government Act", October 8, 2022, https://www.britannica.com/event/Australian-Colonies-Government-Act.

生的立法议会管理，议会有权自由调整政府管理模式。"这是英国和澳大利亚的关系开始疏离的先兆。从那时起，英国议会保留了修正任何已经通过的议案的权力。只要议案涉及澳大利亚的殖民地政府，议会就会提出修正议案。殖民地已经获得制定基本法律的权力，现在唯一受制于英国的是，修改宪法中的相关条款时需要预先得到英国皇室的批准。"①《澳大利亚殖民地政府法案》还授予各殖民地经济自治权。其中第 27 条规定，殖民地可以对进口商品征收关税，不论进口商品是否来自英国。"1842 年和 1850 年的两次改革是澳大利亚人以立法的形式一方面最大限度地削弱总督的权力，在摆脱英国控制问题上取得了重大突破性进展；另一方面则通过殖民地立法权的扩大，使各殖民地的自治程度得到稳步提高……"②

到 1851 年底，南澳大利亚、塔斯马尼亚和维多利亚殖民地均从新南威尔士殖民地中分出，也都获得了成立立法议会的权利。1853 年，新任殖民地大臣批准殖民地可以按照威斯敏斯特模式建立责任制政府。殖民地随即采取了相应的行动。至 1856 年底，新南威尔士、维多利亚、塔斯马尼亚和南澳大利亚都建立了自治政府，亦即责任制政府。1859 年，昆士兰从新南威尔士中分出，并制定了自己的宪法。1865 年，《英国殖民地法律有效条例》（*British Colonial Laws Validity Act*）颁布。这部法律的意义在于不仅确认了所有殖民地宪法的有效性，而且更重要的是，它消除了殖民地法律与殖民宗主国法律之间任何明显的不一致之处。③这样一来，各殖民地按照英国宪政制度都享有自治权。④

各殖民地相继获得了自治地位，这是殖民地社会政治、经济逐步发展的产物，也是殖民地管理的一大突破。随着各殖民地管理的进步，其主体地位愈益显著。这必然导致各殖民地的"领地"意识亦"水涨船高"，而自治之前的模糊边界已很难再"模糊"下去，到了一个需要界定"你""我"物理边界的时

---

① 欧内斯特·斯科特：《澳大利亚史》，第 346—347 页。

② 王宇博：《澳大利亚史》，江苏人民出版社，2017，第 72 页。

③ Geoffrey Sawer, "The Constitution and Its Politics", cited in Henry Mayer (ed.), *Australian Politics* (Melbourne: F. W. Cheshire, 1966), p. 86.

④ 作为一个最大的殖民地，西澳大利亚于 1889 年制定了自己的宪法。

候了。因为边界的划分不只是殖民地物理空间大小的体现，更是其利益和地位的一种折射。正是在这种背景之下，各殖民地进行了边界划分与调整。1859 年昆士兰与新南威尔士的分离、1861 年的边界调整，以及 1863 年北领地和南澳大利亚行政权力的落实，完成了对澳洲大陆的划分。除了北领地移交给联邦政府管辖和 1911 年划出首都区之外，上述划界一直延续至今。[1]

三、殖民地联合时期（1883—1901 年）

自治的确立及边界的勘定给殖民地带来了成就感甚至自豪感。这些殖民地几乎像独立的国家，比如有自己的议会和法律；有自己的防御力量；发行了自己的邮票；对过境商品征收关税和税收；有自己的生活方式；追求自己的利益；寻求自我拯救的方式等。如新南威尔士追随母国的自由贸易和傲慢冷漠；维多利亚采取了保护主义和排外政策。每个殖民地都在经验的学校里习得了地方主义和分离的痛苦教训。[2] 比如防务、市场和关税、移民等这些具有全域性特征的问题，是单个殖民地无所法应对的，并给它们带来了很多麻烦。从英国方面来讲，在各殖民地自治基础上建立一个统一的殖民地中央政府似乎更符合帝国的利益。所以，到了 19 世纪末叶，澳大利亚各殖民地出现了联合或联邦运动。

殖民地联合运动近的可以溯源至 19 世纪中叶的自治运动。1846 年，乔治·格雷（George Grey, 1812—1898）担任英国殖民大臣。1849 年，当澳大利亚各殖民地考虑实行自治时，乔治·格雷向"贸易种植委员会"提出了自治议题。委员会建议，除了在各殖民地设置立法机关，总督应该组织成立澳大利亚代表大会。代表大会包括一个单独的代表议会，其成员不是由人民而是由各殖民地议会选出。代表大会应该拥有特定权力，可以影响整个澳大利亚的共同利益。殖民地还应该建立一个最高人民法院，作为各殖民地法院的上诉法院；最高人民法院有权就所有殖民地议会提出的问题制定相关法律。翌年，乔治·格雷考虑

---

① 斯图亚特·麦金泰尔：《澳大利亚史》，第 87 页。

② W. Ross Livingston, "Nationalism in the Commonwealth of Australia", *Pacific Historical Review* (Jun., 1942), Vol.11, No.2, p. 144.

了多方建议后，向英国政府递交了关于自治政府的议案，并在议案中提出了上述建议。当时，无论在英国还是在澳大利亚，关于自治的方案都不太受欢迎，有关联邦制的议案更是遭人厌弃。然而，随着时间的推移，自治被认为是澳大利亚不可逆转的政治趋势，因而被辉格党贵族所接受。不可否认的是，各殖民地走向联合还是存在一些有利因素的，比如各殖民地的居民基本上是英国人的后裔，说同一种语言，拥有相似的政府体制。现在殖民者面临两种选择：一种是各自为政、互不相扰；另一种是将所有人的力量凝聚起来，追求利益最大化。然而，"联邦思想的成长也需要时间的灌溉。显然，仅凭议会的一项法案根本无法促成联邦制度。澳大利亚人需要明白的是，分裂的局面会给他们造成很大损失。此外，他们应该意识到，利己排他的政策并不利于整体的团结"①。事已至此，六个独立的殖民地能否走到一起，一个关键的因素就是它们之间有没有共同的利益或共同关心的问题。

防御问题最先浮出水面，似乎成为各殖民地走向统一的重要抓手。这一时期西方列强纷纷在南太平洋地区施展拳脚，进而威胁到各殖民地的安全。关于殖民地的防御安全问题，英国方面早有注意，并将法国在这一地区的活动列为防范重点。②当时每个殖民地都有自己的地方防御力量，它们通常由一小股常备力量和志愿兵组成。虽然英国海军是当时世界上最强大的海军，但它们对澳大利亚海岸的定期巡防似乎并没有减轻殖民地人民对外部敌人滋扰甚至入侵的担心。他们越来越坚信：一个统一的防御力量能够很好地保卫澳大利亚。1868年，一位名叫普雷沃斯特－帕拉多尔（Prevost-Paradol）的法兰西作家写了一本关于法属殖民地的著作。书中预测道："将来，一种新门罗主义会以澳大利亚的名义阻止欧洲踏足太平洋。"③15年后，这种预言似乎得到了应验。1883年11月，六个殖民地的总理在悉尼召开了殖民地区际会议。会议讨论了海上共同防御、与其他太平洋岛屿的关系、防范刑事罪犯流入、海港检疫等共

---

① 欧内斯特·斯科特：《澳大利亚史》，第499—450页。

② T. B. Millar, *Australia in Peace and War* (Canberra: Australian National University Press, 1978), p. 35.

③ 欧内斯特·斯科特：《澳大利亚史》，第471页。

同关心的问题。与会者一致反对任何外国势力占领太平洋赤道以南的土地。而在地球的另一端，英国也越来越意识到作为一个被海洋包围的广袤大陆，建立一个统一的防御力量对确保其自身安全是何等的重要。1889 年，英国海军少将J. 贝凡·爱德华兹（J. Bevan Edwards）在一则报告中指出，这些殖民地没有足够的士兵、武器或弹药，因而不能充分地保卫自己。该报告遂建议，澳洲殖民地应该建立全国统一的防御力量。①

如果说建立统一的防御力量或制定统一的防御措施是旨在防范潜在对手的话，那么消除殖民地之间的关税壁垒以建立统一市场就是一个现实的利好举措。由于各殖民地自然情况差异较大，资源禀赋有霄壤之别，建立的时间有早有晚，人口有多有少，经济结构不尽相同，发展程度有高有低，旨在维护各自经济利益的政策或措施如关税就难以趋同。关税不仅是经济治理的一种策略，也是殖民地社会管理的一种手段。它给殖民地政府带来了可观的财政收入，同时也限制了殖民地之间的贸易往来和人员流动。关税增加了商品的费用，使得本殖民地外的制造业主很难与当地生产者开展公平竞争。贸易限制也使得殖民地之间的旅行变得困难起来，墨尔本和悉尼之间的火车旅行因阿尔伯里（Albury）边境海关官员检查旅客包裹而被耽搁。这就是说，如果没有一个统一的政策或措施，商品、物资的流通甚至人员的流动都会成为一个问题。联邦建立前，有关共同利益的问题是经常出现的，最常见的解决办法就是通过殖民地会议来解决。显而易见，这是一个临时性解决方案，而且带有自愿原则。如果某个（些）殖民地在此方面没有强烈的意愿，那么寻求一个共同的方案几乎是不可能的；如果各殖民地之间能够达成某种永久性解决机制，就可省却诸多麻烦或不便，并对各自利益都是一种促进。

各殖民地白人移民对有色劳工移民的担心也在一定程度上加快了殖民地的联合步伐。随着更多白人自由移民的到来，澳大利亚的移民文化正在发生悄悄而又显著的变化——不仅白人囚犯不受欢迎，有色人种劳工也越来越受到种族歧视。白人移民担心，"廉价的"非白人劳动力将在工作方面与他们产生竞争，

---

① Parliamentary Education Office, "The Federation of Australia", https://peo.gov.au/understand-our-parliament/history-of-parliament, 2022-10-03.

导致他们的工资和生活水准都有降低。当然，这只是一种表面现象，也是一种现实背景。更深层次的原因在于：越来越多的白人移民认为澳大利亚应是白人的天下，这里没有非白人移民立足的空间。正是在这种偏执的种族思想左右下，先是"淘金热"时期出现了排挤和敌视华人劳工的现象，后又对在昆士兰甘蔗种植园内辛苦劳作的太平洋岛民表示了憎恶并提出立即遣送的要求。但由于各殖民地对劳动力的需求不尽一致，其移民政策存在一定的差异。对那些正在鼓噪"澳大利亚是白人的澳大利亚"的极端民族主义者来说，如果没有一个统一的对非白人移民说"不"的移民政策，那么他们的政治设想就很难实现。1888年6月，各殖民地的总理们在悉尼举行了一次有关移民法的会议，目的是在限制有色人种移民方面协调立场。1891年10月31日，在由联合剪羊毛工会新南威尔士瓦加分会和劳工总会出版的《鼓动者》杂志上，有一篇文章表达了他们的政治观点："骆驼必须走开，狗也必须走开。那些走街串巷的印第安贩子必须到其他国家去沿街叫卖。这里是澳大利亚人缔造的国家，必须由澳洲人管理一切。"① 在1896年的殖民地总理会议上，除昆士兰外，所有殖民地总理在制定排除非白人移民的统一法律方面达成共识。②

如果说上述问题的存在促使各个殖民地不得不为了自身的利益而协商妥协之策，那么殖民地白人分享一种共同的语言、文化和遗产就成为一种推动联邦建立的基础性和积极的因素，这一因素在面对所谓的非白人因素挑战面前就显得更加的显著与强势。所以到了19世纪末，殖民地居民开始逐步地视自己是澳大利亚人而非英国人，而且他们越来越相信，如果殖民地统一起来，将会变得更加强大。我们注意到，像任何一次具有历史影响的政治运动或社会运动一样，领袖人物的出现似乎是一个必然现象。在推动各殖民地走向统一的政治宣传和程序操作中，很多令人印象深刻的政治人物都发挥了振臂一呼的作用，亨利·帕克斯（Henry Parkes）就是其中一位。1889年，他在新南威尔士的滕特菲尔特（Tenterfield）发表了激动人心的演讲，呼吁开展"一场为所有澳大利亚人的伟大民族运动"。帕克斯的呼吁为使澳大利亚成为一个联邦国家提供了动

① 艾瑞克·罗斯：《澳大利亚华人史（1888—1995）》，第8页。
② T. B. Millar, *Australia in Peace and War*, p.60.

力。但他也深知，联邦运动仅有大众的支持是不充分的，还需要获得社会上层的支持。因此，他游说他的同僚们即其他殖民地总理对联邦事业予以襄助。①

1890年2月6日，各殖民地和新西兰议会代表在墨尔本召开澳大利亚联邦会议。本次会议就"澳大利亚殖民地的利益和繁荣将因在王权下的早日联合而得以实现"达成共识，并且呼吁就起草澳大利亚联邦宪法而召开全国性会议。由于兹事体大，阿尔弗雷德·迪金（Alfred Deakin）在会上提请与会代表在拟定联邦宪法时要注意詹姆斯·布里茨（James Bryce）两年前发表的《美国联邦》（*The American Commonwealth*）。②

1891年3月和4月，各殖民地代表在悉尼召开第一次"澳大利亚国民会议"（National Australian Convention），商讨联邦宪法草案拟定事宜。会议期间，后来成为澳大利亚联邦首任总督的爱德蒙·巴顿（Edmund Barton）创造了"一国一洲和一洲一国"（'a nation for a continent and a continent for a nation'）的经典语录。第二次"澳大利亚国民会议"于1897年和1898年在阿德莱德、悉尼和墨尔本召开过三轮，且把1891年的宪法草案作为讨论的蓝本。除昆士兰外，其他殖民地均派代表参加。会议对宪法草案所作的一个重要修改是与参议院有关。参议员将直接由每个州的选民而非州议会来选举。新草案也把众议院的议员数量规定为参议员人数的两倍。由于参议院和众议院拥有差不多同等的立法权力，与会代表认识到设计一条打破两院僵局的路径，这对确保立法进程的顺利推进是必不可少的。这就是两院的分歧可以通过解散议会及进行新的议会选举的方式来解决，新选举的议会将对此问题进行表决；如果僵局仍未打破，将由两院联合表决。1898年3月16日，与会代表就宪法草案达成一致。在各殖民地议会同意后，六个殖民地的人民将就批准联邦宪法进行全民公决。6月，新南威尔士、维多利亚、南澳大利亚和塔斯马尼亚举行了全民公决。宪法草案在维多利亚、南澳大利亚和塔斯马尼亚的全民公决中如愿过关，新南威尔士在

---

① Parliamentary Education Office, "The Federation of Australia".

② 后来，迪金认为，《美国联邦》对澳大利亚宪法的影响"几乎是无法估量的"。参见 Norman Harper, *A Great and Powerful Friends-A Study of Australian American Relations between 1900 and 1975* (Brisbane: University of Queensland Press, 1987), p. 3。

此次全民公决中尽管投赞成票的占了多数，但未及该殖民地议会所规定的投赞成票的不低于 8 万人的标准。由于担心联邦将给予新南威尔士和维多利亚比其他实力弱的州以更多的优势，昆士兰和西澳大利亚没有举行全民公决。1889 年 1 月，殖民地总理私下开会，就联邦成立的路径进行商洽。西澳大利亚殖民地总理约翰·弗斯特（John Forrest）并没有出席。为了赢得新南威尔士和昆士兰殖民地议会的支持，与会总理们对宪法草案作了进一步修改。在林林总总的修改中，有一项修改影响深远，即约定在新南威尔士境内距离悉尼至少 100 英里（约 160.9 公里）的地方建立澳大利亚国家首都。

1899 年 4 月和 7 月，维多利亚、南澳大利亚、新南威尔士和塔斯马尼亚再次举行全民公决。公决结果显示，上述四地同意拟议中的宪法。9 月，昆士兰有超过 54% 的人赞成宪法草案。至此在六个殖民地中，只有西澳大利亚仍拒绝参与。那么，是不是等到西澳大利亚举行全民公决后才做下一步决定？事实是，已举行过全民公决的五个殖民地并没有如此被动地等待，它们于 1900 年 3 月将宪法草案呈送伦敦请求批准。7 月 5 日，《1900 年澳大利亚联邦宪法》（*Commonwealth of Australia Constitution Act 1900*）获英国议会批准；9 日，维多利亚女王在宪法上签了字。这意味着澳大利亚联邦宪法正式成为法律。有意思的是，在澳大利亚联邦宪法在英国成为法律三个星期后，西澳大利亚举行了全民公决。更有意思的是，公众对宪法的支持获得了压倒性优势，投赞成票的是反对票的两倍还多。[①] 1901 年 1 月 1 日，澳大利亚联邦正式成立，并成为英帝国的自治领之一。宪法将英式责任政府制与美式联邦制糅合在一起：殖民地即后来的州将某些特定权力让渡于两院制的联邦议会，众议院代表人民，参议院代表各州，政府对选举产生的众议院负责。

---

① Clive Moore, "States of Mind: Federation and the Problematic Constitution", cited in Martin Crotty and David Andrew Roberts (eds.), *The Great Mistakes of Australian History* (Sydney: University of New South Wales Press Ltd., 2006), p. 170; Parliamentary Education Office, "The Federation of Australia".

四、结束语

18—19 世纪是英国对外扩张的鼎盛时期。英国的殖民扩张手段众多、路径各异。对澳洲的殖民开拓模式显然是其中最为独特的。为了将大量犯人转移至远离家园的澳洲，英国劳师远征，甚至可以说是不计代价。在殖民者看来，这一举措不仅可以惩戒犯人，让犯人们为其罪责付出代价，而且利用犯人的廉价劳动甚至生命为英帝国开疆拓土。这的确是一个一箭双雕甚至多雕的做法。应该说，这是一个精心设计的计划。殖民地建立后，来自英国的罪犯源源不断地被输送到澳洲，也在验证这一计划是较为成功的。但是，英国的计划也仅限于此，殖民地的发展似乎不在殖民管理者的日程之上。生活在伦敦的殖民设计者和指挥者对澳洲作为一个殖民地的前途并没有一个明确的计划，比如参与讨论 1850 年法案的英国议会两院政客，以及专门评述了殖民地法案发展前景或有相关论著的学者，都没有明确提出澳大利亚在未来的体制道路上将何去何从。有些政客甚至对澳大利亚出现的越来越民主化的前景表示怀疑，甚至反对。[①] 然而，自由移民的到来却给沉闷、压抑的澳洲吹来了一股清新和自由之风，澳洲很快形成了两个世界：犯人世界和自由世界。19 世纪上半叶澳洲金矿的发现似乎是一个偶然现象，但"淘金热"的出现就不是偶然了，它给澳洲社会带来的冲击和影响是时人所无法预估的，甚至是殖民者所不愿看到的。也正因为如此，作为一个罪犯殖民地，澳洲社会的发展从此进入一个由内部（当地）驱动外部（英国）并促使外部转变观念和政策的时期。于是我们发现，英国议会几乎是在没有遇到任何大的阻力的情况下通过了几部对殖民地有着深远影响的重要法案。这些法案让殖民地的自我管理体制一步步建立和完善起来，六个殖民地因此都走上了自治的道路。这是殖民地发展史上的一个重要时期，也是澳大利亚宪政史演进的一个重要阶段。实践证明，自治虽是英国宪政的一个传统，但并不是殖民地发展的一个终极设计。在经过差不多半个世纪的发展后，六个分散的殖民地最终走向了联合，组建了澳大利亚联邦。殖民地的自治权利在很大程度上

---

① 欧内斯特·斯科特：《澳大利亚史》，第 347 页。

得以保留，但为了共同的利益，其中的一部分权利不得不让渡给联邦议会和联邦政府。至此，殖民地的政治设计完成了最后一步。

　　一百多年的殖民史见证了澳洲原住民遭受屠杀和驱赶、保护与分离、被迫同化与边缘化的悲怆命运；见证了澳洲由一个海外殖民监狱到罪犯殖民地再至自由或公民殖民地的蜕变；见证了殖民地由新南威尔士的模糊统辖到各自为政再走向联合的进程；见证了来自母国的政治体制被移植到殖民地进而衍生联邦宪法的过程；见证了澳大利亚作为一个移民社会的形成到如何有效地对移民进行管控，以及"澳大利亚人"意识的萌芽及其不断成长的过程。

澳大利亚文化研究

论彼得·凯里《遗忘》的
后现代悖论式写作

詹春娟①

摘要：澳大利亚历史再现和小说形式的后现代实验一直是澳大利亚作家彼得·凯里小说写作的两个核心要素。小说《遗忘》将两者巧妙联结，在自我指涉的同时悖谬地关注社会历史。小说既运用了大量真实的历史素材和历史人物，又在元小说叙述中将其不断"语境化"和"问题化"；既彰显了强烈的元小说自我意识，又始终指向文本之外的真实世界。这种悖论式的写作不仅是后现代再现的实验场，也是权力政治的话语场，对于读者双向性审视澳大利亚的历史、现实甚至未来有着重要意义。

关键词：彼得·凯里；《遗忘》；悖论；后现代；元小说

在澳大利亚文坛上，澳美籍作家彼得·凯里（Peter Carey, 1943—）是个重量级人物。他从事创作四十多年，先后获得两次布克奖、一次英联邦作家奖和三次澳大利亚迈尔斯·富兰克林奖，其影响力常常与澳大利亚诺贝尔文学奖得主帕特里克·怀特（Patrick White）相提并论。他的小说创作主要围绕两个核心要素展开：澳大利亚历史再现和小说形式的后现代实验。简单地说，他致力于向世界读者呈现经典澳大利亚生活和想象，又醉心于反乌托邦小说创作，让读者往往分不清现实和虚构。但是两者之间并非泾渭分明、各成一体，而是

① 基金项目：国家社科基金一般项目（23BWW058）。作者简介：詹春娟，安徽大学外语学院教授，硕士生导师，主要从事澳大利亚文学研究。

相互渗透、彼此依存的。凯里的第13部小说《遗忘》（*Amnesia*, 2014）就是一个典型例证。小说以虚构的2010年澳大利亚黑客袭击事件切入，影射朱利安·阿桑奇（Julian Assange）的维基解密事件，甚至爱德华·斯诺登（Edward Snowden）的"棱镜门"事件，将互联网空间作为一种新型政治斗争场域，极具国际化视野。但是随着黑客盖比（Gabby）的身世逐渐揭开或被建构，小说的核心仍然是澳大利亚的历史创伤，尤其是1942年布里斯班军事冲突及1975年澳大利亚宪政危机。两者都与美国的政治干涉和操纵有关，是在"遗忘"之下隐藏的公共文化"记忆"。与小说的历史意义同样鲜明的是凯里的元小说叙事。从第一人称的叙述者到第三人称的叙述者，从叙述者的故事到盖比家族的故事，叙述声音和叙事角度的不断切换，让历史真实和历史虚构之间的界限模糊不清。虽然有评论家对这种历史和虚构杂糅的写作颇有微词，认为《遗忘》看似讲述澳大利亚的美国政治，实则充满对澳大利亚历史的指涉，完全拒绝了澳大利亚以外的读者，成为独自狂欢的游戏，而且小说情节多元，节奏跳跃，陷入了一种不连贯和不确定[1]，但是这种悖论式的写作恰恰隐含了凯里的后现代政治理念，即破除中心（美国）和帝国秩序，在不确定性和多元性中寻找边缘（澳大利亚）的意义。如琳达·哈琴（Linda Hutcheon）所言，后现代主义小说"没有切断历史和世界的关系，它只是凸显并以此来挑战那种（语言再现与世界和历史之间）无缝对接的设想的惯例性和未被招认的意识形态，同时要求读者去反思我们借以对自身再现自我和世界的过程，从而认清我们在自己的特定文化中对经验加以理解并建构秩序的那些方式"[2]。从这个角度看，《遗忘》既不是简单再现澳大利亚和美国盟友历史关系的窗口，也不是自我指涉的语言迷宫，而是以先确立后颠覆的方式关注澳大利亚社会和历史，"以评判的态度使过去面对现在，或者使现在面对过去"[3]。总的来说，小说的悖论性写作集

---

① Wynn Wheldon, "A big literary beast's descent into incoherence", *The Spectator*, Issue: 8 (November 2014), https://www.spectator.co.uk/writer/wynn-wheldon.

② Linda Hutcheon, *The Politics of Postmodernism* (London: Routledge 1989), p. 54.

③ 琳达·哈琴：《后现代主义诗学：历史·理论·小说》，李杨、李峰译，南京大学出版社，2009，第55页。

中于三个方面："过去寓于现在"、澳大利亚的本土性和世界性、后现代写作的真实和虚构。通过历史、政治和语言三者之间错综复杂的关系，凯里自觉地暴露历史话语建构的本质和过程，试图打破澳大利亚社会长久以来对历史和现实的幻觉，从而将读者的阅读从文本层面引向现实政治层面，重新思考和评价澳大利亚的民族身份、文化价值，以及与世界的关系。

一、"过去寓于现在"

后现代主义小说在再现方面的一个主要矛盾就是现在和过去的关系。哈琴认为，后现代主义致力于正视、质疑现代主义以未来的名义对过去的抛弃或还原。它所提出的不是寻找任何超验、永恒的意义，而是根据现实重新评价过去，与之进行对话。我们或许可以将其称为"过去寓于现在"或"过去的现在——化"（presence of the past）[1]。小说《遗忘》从名称上就蕴含着过去和现在的悖论。它表面上指澳大利亚对于历史上美国霸权政治影响的有意忽视和淡忘，实际上着眼于一种存在于广大民众意识中的清醒而普遍的记忆，意在说明美国对澳大利亚造成的历史创伤必然有其现实的后果。澳美混血儿盖比的网络激进主义行动就是其中一个表现。它利用"天使蠕虫"电脑病毒攻击美国设计的监狱安全系统，致其完全瘫痪，帮助数以万计的囚犯和难民重获自由，是针对美国新殖民政治的一种隐喻性抵抗。可见，凯里小说的历史重构不是简单的怀旧，也不是将过去理想化，而是带着反讽距离的评判，有着深刻的政治内涵。

凯里在小说中首先质疑的是历史事件的意义。1942 年的布里斯班之战究竟是一场无足轻重的斗殴事件，还是具有重要政治意义的意识形态斗争？小说一开始，凯里就借盖比的母亲席琳（Celine）之口表达了 20 世纪 70 年代澳大利亚社会对待这一事件性质的淡漠和回避。席琳不仅坦言"你在书里找不到任何记载"，而且将整个事件的起因归结为"性"，"愚蠢的澳大利亚人嫉妒美国人。他们向这个世界上唯一帮助我们的人开枪，只是因为他们喜欢澳大利亚姑

---

① 琳达·哈琴：《后现代主义诗学：历史·理论·小说》，第55页。

娘"①。但是随着澳大利亚左派记者菲力克斯·穆尔（Felix Moore）对盖比身世的挖掘和建构，事件渐渐呈现出新的意义和形态，即隐藏在澳大利亚矛盾态度背后的地缘政治现实。据历史学家斯图亚特·麦金泰尔（Stuart Macintyre）的记载，时任总理约翰·科廷（John Curtin）在 1941 年底公开宣称，"澳大利亚指望着美国，我们与联合王国的传统血肉关系中的种种痛苦不复存在"②。但是在虚弱的联盟背后是对"友邦入侵"的担忧，"近 100 万美军官兵经过澳大利亚的城市，走上前线作战。尽管同一时间驻扎在这个国家的美军很少超过 10 万人，但外国在澳大利亚的存在达到了前所未有的规模"。此外，"美军更高的收入、优越的条件和拥有的奢侈品，令澳军官兵感到不满，而他们对当地妇女的强大吸引力尤其令澳大利亚人愤愤不平"③。从这段记载中不难发现，澳美关系的权力不平衡是布里斯班军事冲突的真正根源。因此，凯里对这一尘封的历史事件的重新审视并非毫无意义，而是充满政治指涉意味。他在小说提到，"我们对祖先的唯一职责就是像他们给予我们生命一样，让他们复活过来"④。但是这种复活并不是原原本本的复制，而是有差异的重复。海登·怀特（Hayden White）认为，"对历史的专门审视，与其说是因为需要确认某些事件确实发生，不如说是某一群体、社会或文化希望确定某些事件对于其了解自己当前的任务和未来的前景可能有着怎样的意义"⑤。为此，凯里有意误用了事件中的"性嫉妒"因素，将盖比的外婆多丽丝（Doris）被美军士兵侵犯的悲剧归结为一种偶然的巧合，但是小说很快又颠覆了这一因素，暗示强暴行为具有象征意义，是"美国对澳大利亚的侵犯"⑥。通过这种先确立后颠覆的方式，凯里将个体经历和公共意识，历史事件和现实政治有机地结合起来，激发读者对澳大利亚历史和现实的反思。此外，凯里有意模糊了历史事件和现实政治的界限，既肯定又否定，在矛盾中构建意义的多元性和临时不定性。例如，凯

---

① Peter Carey, *Amnesia* (London: Faber & Faber Limited, 2014), p. 33.
② 斯图亚特·麦金泰尔：《澳大利亚史》，潘兴明译，东方出版中心，2009，第 175 页。
③ 同上，第 179 页。
④ Peter Carey, *Amnesia*, p. 94.
⑤ Hayden White, "Historical Pluralism", *Critical Inquiry*, Vol.12, no.3 (1986), p. 487.
⑥ Peter Carey, *Amnesia*, p. 99.

里在小说中频繁使用了"叛徒"（traitor）一词。所谓"叛徒"，指的是背叛国家和民族的人。但是谁是谁的叛徒？有着双重血缘的"叛徒"盖比究竟背叛了谁？通过"叛徒"的模糊属性，凯里巧妙地将历史和现实串联在一起。从历史指涉上看，"叛徒"的说法源起于布里斯班事件，因为"在美军驻扎的澳大利亚，水性杨花的女人被视为第五纵队；前往美国的战争新娘被视为变节者"①。盖比作为多丽丝被美军士兵强暴的产物，自然也是"背叛"行为的延续。而从现实政治的层面，"叛徒"是对美国自恃世界统治者的嘲讽。凯里在一次访谈中提到阿桑奇事件，认为美国指责阿桑奇是"叛徒"的说法毫无道理，因为他是澳大利亚人，并非美国人。②显然，通过矛盾地玩弄"叛徒"的历史内涵和现实语境，凯里将布里斯班事件的历史意义延伸进现实世界，实现了历史和现实的互相映照。

除了赋予历史事件新的意义，凯里还刻意将历史书写问题化。在他看来，过去确实存在，但是问题是我们现在如何了解过去，而且我们能了解过去的什么？简言之，我们需要什么样的历史编写方式，以及选择认识什么样的历史事实。海登·怀特认为，历史事件并非历史事实。历史事件是构造历史事实的基础，而历史事实是经过选择、阐释和情节编排的，被赋予意义的事件，是受话语和意识形态制约的③。因此，不同的意识形态决定了不同的历史书写。小说使用了不可靠的叙事者穆尔以强化历史建构的悖论性。穆尔出版过几本书，写过 50 来个故事，上千篇专栏文章，大部分都与宪政危机带来的创伤有关。他自述，"1975 年事件是我这一辈子动荡而不幸生活的根源所在"④。无论作为事件的经历者还是历史事件的狂热者，穆尔都是承担历史叙事的最佳人选。但是作为"这个时代最具争议性的左派记者"，他的书写不可避免地带上了意识形态的烙印，因为"作为一个记者，我的职责就是捣乱，天生对权贵阶级的欺诈和谎言敏感"⑤。这种带有政治意识的写作从一开始就与标榜着真实客观的

---

① 斯图亚特·麦金泰尔：《澳大利亚史》，第 180 页。
② Patrick Allington, "Patrick Allington in conversation with Peter Carey", *Kill Your Darlings*, Issue 20, Jan. 8, 2005, p. 141.
③ Hayden White, "Historical Pluralism", p. 326.
④ Peter Carey, *Amnesia,* p. 151.
⑤ Ibid., p. 143.

历史写作形成悖论关系,暗示着穆尔将建构一个完全不同于官方版本的历史,即揭秘"巨大的遗忘"背后被压制的差异、多元和偶然。而就书写方式而言,凯里丝毫不掩饰自己对历史进行文本建构的过程。他使用了大量真实的历史人物和历史知识,如文献、新闻报道、电文等"文本化的残余",但是并不打算"合并和吸收历史资料来为自己的虚拟世界造成一种真实感"[1]。相反,他以自我指涉的方式主动暴露自己运用历史资料的过程,甚至将历史资料故意用错地方,造成真假混搭的艺术效果。例如,侵犯多丽丝的美国士兵汉克·威莱斯基(Hanks Willenski)与1942年墨尔本的扼颈强奸犯(美国士兵爱德华·利奥斯基,Edward Leonski)无论在作案手法还是名字上都有着诸多相似之处,给人一种移花接木的感觉。在谈论1975年宪政危机时,凯里有意采用了夹叙夹议的方式讲述历史,将叙事和分析融合,建构去"自然化"的历史,如惠特拉姆政府一系列改革措施与叙事者的赞叹和担忧交错进行,美国中情局就澳政府拟停止松树谷军事基地租期一事与澳大利亚安全情报组织的电报往来与叙事者对每一条电文的分析评价并行不悖等。这种客观和主观相结合的书写方法既回溯到过去,又抽离历史,打破了传统历史叙事的连续性和确定性,揭露出历史话语的人为建构本质。可见,小说的自我指涉式的历史书写并不是纯粹地玩弄技巧,而是有目的地指向社会和历史,尤其是美国对澳大利亚的政治操控和文化影响。无论是布里斯班事件,还是宪政危机,凯里在后现代再现中都提出一个共同的问题,集体沉默的背后是什么?是大国依附的忍辱负重,还是新殖民政治的压迫?在凯里看来,打破沉默,直面历史的模糊地带,澳大利亚方能更好地面对现实。如穆尔所言,"在成人的世界里,无风不起浪,谣言和'事实'同样重要。对烟雾迹象置之不理就无法应对景色里暗藏的威胁"[2]。只有破除所谓的历史"事实"的神秘性和权威性,被忽略和回避的历史事件和历史细节才能重新浮出水面,构成新的话语。

---

[1] Georg Lukacs, *The Historical Novel*, Trans. Hannah and Stanley Mitchell (London: Merlin, 1962), p. 59.

[2] Peter Carey, *Amnesia,* p. 4.

二、澳大利亚的本土性和世界性

除了历史指涉，小说还涉及网络技术、黑客攻击、环境保护行动、跨国资本主义等多元后现代主题。但是这些主题并非随意堆砌在一起，而是不约而同地指向澳大利亚民族身份的历史和现实构建。是淡忘自己的过去，融入全球化浪潮，还是铭记历史教训，保持自己的立场，是澳大利亚社会始终需要面对的问题。与传统的民族主义者及激进的新左翼不同，凯里在小说中采用了一种双重路径：聚焦全球化影响下澳大利亚的历史溯源，以及放眼全球化语境里的"澳大利亚性"的衍变和发展。在他看来，固守"澳大利亚性"或是委曲求全地稀释"民族性格"都是不现实也是不理智的，只有将澳大利亚置于世界语境，同时观照世界语境下的澳大利亚独特性，才能从分歧走向创造。从后现代主义诗学的角度看，这种兼顾彼此的中间视角与哈琴所提倡的"亦此亦彼"的运作逻辑不谋而合。"我们需要构想一种包容性集体，它将识别和尊重代际人群之间的差异和不同意识形态之间的分歧，但不会受限于它们的分裂属性；我们必须商谈一种集体的制度文化和气候氛围，个体可以在其中相遇、讨论和倾听。那种排他性的他们／我们和非此即彼的商业、政治上的二元逻辑已不能为我们提供这种集体。"[1]这种后现代主义策略是澳大利亚借以平衡历史和现实的策略，也是凯里写作的政治内涵之所在。

第一个路径表现的是无处不在的美国政治与资本的影响下澳大利亚对本土文化的反思。这个主题对于凯里来说并不陌生。他自 20 世纪 70 年代开始关注和批判美国文化的入侵，先后创作了《美国梦》（*American Dream*）、《幸福》（*Bliss*, 1981）、《崔斯坦·史密斯的不寻常生活》（*The Unusual Life of Tristan Smith*, 1994）等一系列作品。即使在 1989 年移居纽约后，他依然与"帝国"保持谨慎的距离，成为一个坚定的批判者。在一次访谈中，他解释道，"澳大利亚是我的镜头，我无法以其他方式来观察这个世界"，但是"身居帝

---

① Linda Hutcheon, "Both/And: The Alternative of Relational Thinking", *ADE Bulletin* 103 (1992, winter), p. 25.

国中心可以让我兼容不同的立场。从一个艺术家的角度看，这不无好处"①。正是基于凯里矛盾的经验和态度，美国文艺评论家尼古拉斯·伯恩斯（Nicholas Birns）戏谑地称凯里为"插进帝国中心心脏纽约的一把尖刀"②。在《遗忘》中，凯里一如既往地保持了这种"同谋性批判"的写作策略。如哈琴所言，"（后现代主义）不再假装游离于资本主义制度之外，因为它知道自己做不到，于是它公开承认自己与之串通一气，其实是为了暗中发力从内部颠覆这一制度的价值观"③。小说的开篇就呈现了穆尔夹在跨国资本和传统信念之间的困境。三大媒体巨头如默多克集团控制了信息的走向，左右着新闻的"真相"。穆尔虽然自诩为坚定的社会主义分子，但是仍不自觉陷入追逐资本和权力的游戏。"我们犯了严重的错误，将女儿们送进敌人们的孩子上的同一间学校。"④ 高昂的贵族学校费用及高达99次的官司诉讼最终让穆尔不得不改弦易张，接受了伍迪的交易。其中，穆尔贱卖历史学家曼宁·克拉克的巨著《澳大利亚史》以换取路费的行为颇具反讽意义。此外，传统的"伙伴情谊"也在权力博弈中凸显不确定性，例如，落魄的穆尔一直笃信自己与资本家伍迪之间的"伙伴情谊"，直到他突然意识到自己不过是被重金雇佣的政治写手才感到幻灭。而更大的政治隐喻在于澳大利亚与美国之间的盟友关系。无论是布里斯班军事冲突，还是宪政危机，都是对澳大利亚一直信奉的平等主义民族理想的考验，因为"我们的生活经验告诉我们，美国总是为所欲为，而澳大利亚总是表现得像一个附庸国"⑤。除了批判澳大利亚本土信条在美国政治与资本影响下的消退，凯里也对澳大利亚模糊的历史态度提出了批评。布里斯班之战被当成了布里斯班防线，宪政危机中的美国影响被当成了"阴谋说"。不仅如此，就连澳大利亚人曾为之骄傲的文化象征也受到了冷遇。例如，伍迪拥有的尤里卡大厦在历史上与1854年尤里卡淘金工人起义密切相关，一度象征着澳大利亚勇敢追求平权

① Stephen Romei, "Short term Memory", *The Weekend Australian*, October 4, 2014, P. 8.

② Nicholas Birns, *Contemporary Australian Literature: A World Not Yet Dead* (Sydney: Sydney University Press, 2015), p. 198.

③ 琳达·哈琴：《后现代主义诗学：历史·理论·小说》，第224页。

④ Peter Carey, *Amnesia*, p. 13.

⑤ Ibid., p. 52.

正义的革命精神，现如今却只是作为墨尔本最高的财富地标，丧失了历史内涵。皇家公园曾是澳大利亚著名探险家伯克和威尔斯的出发地，后来成为麦克阿瑟将军驻扎部队的地方。而澳大利亚最具有传奇色彩的赛马 Phar Lap 被轻描淡写地描述为"一匹死掉的马"①，不附着任何历史情感。在凯里看来，对于历史的怀疑和否定正是澳大利亚始终无法坚定自己民族性格的真正原因。他在一次访谈中指出，"遗忘对于我们来说是一种习惯，我们倾向于忘记无人之地的法则以便为偷窃和杀戮正名，我们倾向于忘记流放地并非景色如画，而是充满血腥和残酷，我们倾向于忘记那些漂洋过海的男男女女，拜乔治三世所赐，大多是杀人犯或同谋，我们倾向于忘记我们是有着流放犯印记的国家"②。因此，小说被刻意命名为"遗忘"，指涉"遗忘"的相反意义，藉此呈现澳大利亚努力忘却的民族本真。

第二个路径是全球化语境里的"澳大利亚性"的衍变和发展。关于什么是真正的"澳大利亚性"，澳大利亚学界一直争论不休。是宣扬单纯的民族主义传统，还是强调澳大利亚与西方价值体系的关联和世界背景？凯里的小说表明，"澳大利亚性"并不是一成不变的，而是随着时代的发展而不断变化的。小说分成两个部分，分别对应穆尔的个人历史及盖比的成长历史。前者描述了布里斯班之战和宪政危机等重大历史事件对穆尔这一代人的影响，时间跨度从 1942 年到 1975 年。后者刻画了澳大利亚的互联网时代兴起，以及技术空间如何成为政治权力运动的新场域，时间跨度从 1975 年至 2010 年。两者看起来分属不同的时代，是在反对大国政治问题上的时间和空间延续。但是细察之下不难发现，两代人的政治理念存在着显著的差异。穆尔属于婴儿潮的下一代，自称"澳大利亚唯一幸存的左翼记者"③。他与盖比的父母一起经历了澳大利亚的黄金年代，参与了反越南战争示威活动，认同惠特拉姆政府的政治改革，坚持反权威的乌托邦理想。但是在 1968 年"路障之年"后，特别是宪政危机事件之后，随着大批左派革命知识分子向右转，"穆尔们"

---

① Peter Carey, *Amnesia*, p. 59.
② Stephen Romei, "Short Term Memory", p. 8.
③ Peter Carey, *Amnesia,* p. 4.

也开始走向消极的"政治解构"。盖比的母亲抛弃昔日的革命热情开始接拍商业广告，拥抱消费主义；盖比的父亲作为工党议员，政治上表现出妥协和退步；穆尔沉浸在个体叙述之中不能自拔。与穆尔们相比，盖比和她的支持者们表现出更坚定的政治视野，"我们知道你在1975年做过的和没有做过的事情。你的粉丝和读者要是知道他们伟大的激进分子没有胆量该有多震惊。你和我们的父母一样，只会躺在地上嚎叫不公平"①。她们熟悉数字技术的操作，关注少数群体利益，反对晚期资本主义的危害，拒绝后工业化时代对环境的破坏。"盖比们"批评大商业集团在资本运作中无视澳大利亚梅里河（Merri Creek）的保护，不惜以身实验以取得公众对大型化工行业废水污染的关注。在凯里看来，两代人价值观的最大区别在于，一个是理想中的民主，并无实际的行动；而另一个是现实生活中的民主，从身边日常做起。显然，凯里更倾向于澳大利亚年轻一代的勇气和责任。在访谈中他表示，"我们致力于不断发展的经济形式，并且深知这种发展将导致星球的灭亡，年轻人如何冲破制度的限制做些什么，我想盖比是一个英雄"②。从单纯的政党政治到关乎人类生存的生态环境关切，凯里不再孤立地看待"澳大利亚性"，而是将其放置于一个更大的文化和社会语境之中，反观自我和世界的关系。在小说的最后，穆尔的自我发现是两者关系的最佳注脚，"他出生在前地质时代，而她（盖比）出生在人类世时代，所以立刻明白了敌人并不是一个民族国家而是一群以水、空气、土壤，以及生命本身的价值换取他们自身生存的公司、企业、承包商和法人们"③。总的来说，通过彰显澳大利亚理想的延续性和差异性，凯里不仅重新考量了公共与个人、文化政治与实际生活之间的关系，而且凸显了"澳大利亚性"从单一走向多元的可能。

---

① Peter Carey, *Amnesia,* p. 173-174.

② Susan Wyndham, "For Peter Carey, the Whitlam Dismissal More Than a Memory", *The Sydney Morning Herald*, October 20, 2014.

③ Peter Carey, *Amnesia,* p. 394.

三、后现代写作的真实和虚构

无论是"过去的现在化"，还是本土性和世界性的互动，小说都呈现了明显的悖论性。但是如何看待这种悖论的构建，以及凯里处于什么样的位置使得这种悖论写作成为可能，是一个值得进一步深究的问题。凯里在接受访谈中明确提到，自己具有一种"反惯性思维的倾向"，即"你以为你了解发生了什么？让我告诉你：事实并非如此"。他将这种倾向解释为"游戏外表下的严肃态度"，"我想对我的读者说，我们不知道真正发生了什么？对于未被记载的历史黑暗我们可以有许多种不同的解释"[①]。这种对一统化历史"真相"的质疑与后现代主义对宏大叙事的挑战精神是一致的。后现代主义通过将历史问题化让人们意识到，历史不单是一个关于过去事实的知识的领域，更是一个关乎现在的政治和道德斗争的领域。但是如何撼动人们曾经深信不疑的"真实的历史感"和再现的纯洁性？凯里主要是通过小说的自我指涉性来凸显历史话语的虚构性和人为性。哈琴指出，元小说既要让读者认清并承认其与外部现实毫无实在指涉关系的虚构本性，又要求读者充分发挥智慧和想象，感同身受地参与这个虚构世界的建构过程。[②]小说《遗忘》体现的正是这种看似真实的虚构和看似虚构的真实之间的悖论。

小说中无处不在的自我意识打破了作者与全知叙事者的权威神话，使得开放的叙事者与读者之间的关系成为可能。表面上看，叙事者穆尔作为作者的代言人操控着叙事角度，引导读者一步步接近历史真相。但是随着叙述的推进，穆尔的叙事权威和同一性追求被不断消解。他的政治背景、写作习惯，甚至个人情感都成了影响写作客观性、连续性和确定性的负面因素。例如，席琳拿到手稿后，指责穆尔为"幻想家"和"撒谎者"，并质问他，"你凭什么认为你可以写这段历史？你是怎么成为我妈妈家历史的权威？我还没有出生，你也不

---

① Andreas Gaile, ed. *Fabulating Beauty: Perspectives on the Fiction of Peter Carey* (New York: Rodopi, 2005), p. 8.

② Linda Hutcheon, *Narcissistic Narrative: The Metafictional Paradox* (New York: Routledge 1991), p. 7.

在那里，是什么让你觉得你可以写她"①？这一段话看似是席琳对家族历史新版本的拒绝接受，实质上指向历史写作的"真实性"问题。历史书写者阐释历史事件时，无论怎样纯化自己，依然要受到他所处的历史环境、当下的意识形态，以及个人偏好的影响。克罗齐所说的"每一种真正的历史都是现代史"也正是此意。凯里对于历史书写的虚构性的自我暴露，说明了历史只是一种话语建构，有着多种可能性，并不存在绝对的真理或唯一的"真实"。凯里还利用穆尔的意识标记不断在现实和想象中来回切换，如在很多章节的开头使用了"我这样写道"的提示语，揭示历史书写的过程，或者利用穆尔对自己写作能力的反思，如"我是一个失败的小说家，但是我知道我有必要的小说气质"②，暗示历史写作的非真实性。甚至，凯里让穆尔干脆承认自己对于写作的力不从心，从而将叙事主体彻底问题化，如"假如这是一个关于黑客的故事，我可就捉襟见肘了。我从没有听说过网上支付，也没有听说过《加密无政府主义者宣言》，或者是利用信用卡的低劣网络诈骗"③。在小说的第二部分，凯里顺理成章地将第一人称改成了第一和第三人称的混合视角，不再将穆尔视为叙事的中心人物，而是将其与盖比和席琳记录在磁带上的自白和对话作为并行的叙事线。这种叙事格局扰乱了之前的稳定和统一，对叙事的可靠性和真实性提出了进一步挑战：历史书写者如何才能在多重叙事声音中发现可信的历史来源？如何在一堆凌乱无意义的素材中找寻到意义？显然，凯里的目的并不在于孰是孰非的结果，而是这种历史意义如何生产的过程和内在机制。在叙事的另一端，凯里也积极邀请读者参与故事建构。哈琴认为，"在更现代的元小说中，读者有另外的角色扮演。他必须去制造自己的意义，填补空缺，把作品发动起来。他被突然袭击，他对小说的通常期待受到挫折。作者似乎想通过改变读者在其中的参与性质来改变文学的性质"④。小说涉及多个历史事件和众多历史人物，并且使用了多种语言形式，如文学语言、新闻语言及计算机语言等，更重要的是，

---

① Peter Carey, *Amnesia,* p. 79.
② Ibid., p. 143.
③ Ibid., p. 136.
④ Linda Hutcheon, *Narcissistic Narrative: The Metafictional Paradox*, p. 150.

大小文本之间的嵌套和关联，让阅读不再轻松从容，而是成为一件充满疑问和不确定性的任务。叙事者和读者的关系不再是操纵者和接收者的关系，而是对话协商的关系，如穆尔在危机时刻，直接询问读者意见，"你会怎么办？"文本的意义也不再显而易见，而是具有互文性，需要读者反复斟酌，做出自己的判断，如在小说第二部分第 38 章开头，凯里的提示极具元小说意味，"第一版匆忙付梓，以下的内容尚未包括"①。而在大结局第 39 章，凯里交代了伍迪车祸以后，含有"遗忘蠕虫"病毒的小说 PDF 文件在网络上广为流传，对大型跨国公司企业造成严重损失。这时，读者再次遭遇了作者声明，盖比和同伙被控犯有间谍罪及合作恶意编写和传播病毒罪，而这一情节被包含在穆尔的第一版书中。看似不经意的细节增加了文本的复杂性，使得读者无法分清盖比的结局究竟是被想象的，还是真实发生的。而作者对于第一版和其他版本的强调让整个文本走向了多元和不确定性。不难看出，在凯里的元小说创作中，作者和读者关系发生了革命性的逆转，读者的"读"是"写"的一部分，共同参与了意义的构建和生产。

小说的另一个显著特点是文本的含混性。后现代主义不再采用现代主义的精英姿态，而是将目光投向自身所处的现实环境，把来自社会各个层面的各种语码——不管是主流的还是边缘的，高雅的还是通俗的，传统的还是现代的——统统纳入其中，以照顾各种欣赏口味。乍看之下，《遗忘》是一部历史小说，围绕被尘封和遮蔽的历史事件展开重构。但是细察之下，小说鲜明的政治性是历史叙述洪流之下的隐形推动力量。而从谋篇布局来说，小说又有着侦探小说的悬疑和推理特征。除了体裁上的不确定，小说所使用的文本素材也是五花八门，貌似"历史的大杂烩"，除了文件档案等严肃材料，还包括坊间流言、名人八卦、热点时事等，始终游移在高雅和通俗之间。而在文本语言上，小说混合了具有地方色彩的澳大利亚英语、古典的文学语言，以及不带感情色彩的计算机编程和符号语言，形成一种异质多元的文体风格。从表面上看，这种混杂性的文本网络似乎是一个封闭自足的意义系统，在差异和传播的痕迹下无限延

---

①   Peter Carey, *Amnesia,* p. 398.

宕，没有固定的在场意义。但是从后现代主义的角度看，不同的文本形式，真实的、想象的，严肃的、诙谐的，被有意混杂在一起是特定含义的。它们的存在打破了传统小说的惯例，有效质疑了历史书写中不言而喻的假设，即过去之再现的客观性、中立性和明晰性。而在内容上，穆尔的写作也受到了来自不同力量的影响，究竟是服从伍迪的"澳大利亚化"的指令，还是听命席琳所要求的"不加渲染的叙事"？是让盖比母女的"自白叙事"自然成形，还是我行我素，不受支配地写作？凯里没有给出明确的答案，而是将这一矛盾重重的写作过程呈现出来，暗示历史再现过程的种种困难和考验。因此，从某种程度上说，小说的意义不在于某一个单独文本，而在于所有文本的集合。这种集合体现了德里达所言的"痕迹网络"的特征，在交叉反讽中折射历史与现实的距离，表现出一种开放和多元。如海登·怀特所言，"历史作为时间中出现的现实世界，对于历史学家、诗人及小说家来说，理解它的方式都是相同的，即赋予最初看起来难以理解的和神秘的事物以可辨认的形式……到底世界是真实的或只是想象的，这无关紧要，理解它的方式是相同的"[1]。可见，无论是历史的，还是虚构的，抑或历史虚构混杂的写作方式都是我们认识并赋予历史意义的方式，因为文本是我们接近历史的唯一途径。从这个角度看，小说的含混性文本并不是凯里的兴之所至，而是以差异和断裂质疑一统性和连续性等中心力量的有效策略。只有在这样的兼收并蓄的文本空间内，凯里才可以从容进退，审视澳大利亚的过去和现实，揭露澳大利亚民族记忆和身份构建上的矛盾性，促使读者反思历史与文本、事实与叙事之间的关系。

四、结　语

悖论是后现代主义写作最鲜明的特征。这一点在凯里的小说中得到充分印证。通过对"遗忘"和"记忆"的悖论式书写，凯里再现了澳大利亚历史的模糊地带，直接指涉民族身份构建与帝国政治之间的关联。小说的历史书写和自

---

① Hayden White, "Historical Pluralism", p. 190.

我指涉同为两个鲜明的特色，但并不是彼此独立的两部分，而是在后现代再现观念下一个不可分割的整体。历史书写中的自我指涉表明了历史书写的人为建构和话语本质，直指澳大利亚被压制和被遮蔽的"小历史"叙事；而自我指涉中的历史书写表明小说的文本话语游戏并非是内向型的互文，而是与外部世界的社会意义系统密切相关。虽然与大多数后现代小说一样，凯里在《遗忘》中并没有指出最终解放的道路，但是小说对于主流话语的反驳、质疑和批评无疑成了它最大的成就。如果还要加上现实的成就，那就是小说的出版与澳大利亚前总理高夫·惠特拉姆（Gough Whitlam）的逝世只相隔一个星期，一时成了纪念惠特拉姆时代的热点事件。也许小说中的后现代历史重现不仅具有理论批评的热度，也会在一段时间内有着现实的回响。

劳森《牲口贩子之妻》中的现实主义及其改写

刘克东 [①]   周莹婧 [②]

摘要：澳大利亚民族文学先驱亨利·劳森的现实主义名作《牲口贩子之妻》是其最具代表性的短篇小说之一，也是一部经典的澳大利亚丛林小说。在这篇短篇小说中，劳森采用了现实主义的写作技巧，生动地描绘了早期澳大利亚丛林，同时也真实地再现了一个无名年轻女子在丈夫长期缺席的家庭中，是如何独自克服丛林里的各种困难和艰辛，抚养她年幼的四个孩子。本文从描写的客观性、细节的真实性、形象的典型性三个方面分析了劳森的现实主义写作技巧，得出了通过对具有代表性的环境进行具体客观的描述，并对典型事件进行真实细致的描述，一位勇敢、独立，又多愁善感的"丛林母亲"形象跃然纸上的结论。现实主义文学的经典之作《牲口贩子之妻》对19世纪澳大利亚边民艰苦生活的现实主义刻画，鼓励了澳大利亚人，尤其是澳大利亚白人的奋斗精神、拓荒精神，可谓是当时历史语境中澳大利亚民族精神的最好注脚。随着现代主义、女权主义、后结构主义、后殖民主义、多元文化等思潮的发展，该作品被一代又一代的不同性别、不同种族、不同文化背景的作家、艺术家屡次改写、逆写，形成了多姿多彩的文学群像。

关键词：《牲口贩子之妻》；丛林小说；丛林母亲；现实主义写法；改写

---

① 刘克东，哈尔滨工业大学外国语学院教授，博士，硕士生导师，主要从事英语文学研究。
② 周莹婧，哈尔滨工业大学外国语学院硕士研究生，主要从事英语文学研究。

一、引　言

亨利·劳森（Henry Lawson，1867—1922）是澳大利亚殖民时期硕果颇丰的诗人、短篇小说家和散文家，被认为是澳大利亚文学的先驱之一。就短篇小说的技巧而言，有人把劳森比作莫泊桑；就出人意料的情节而言，有人把他比作欧·亨利和爱伦·坡；就机智、幽默和方言的运用而言，有人则把他比作马克·吐温。① 这一切足以印证亨利·劳森在澳大利亚文学史上的重要地位。

亨利·劳森因其现实主义的写作风格而闻名。正如左岩所言，劳森的作品是一面镜子，读者可以透过它窥探当时的澳大利亚社会。② 也就是说，无论是他的诗歌，还是短篇小说，抑或是散文，都生动地描绘了澳大利亚的丛林，真实地展现了 19 世纪末澳大利亚的风土人情和政治运动。吴文辉曾写道，劳森最优秀的短篇小说都是关于丛林的。③ 他的短篇小说大多以丛林为背景，集中反映了早期定居者在与恶劣的自然环境作斗争的过程中所展现的坚强意志和巨大牺牲，以及他们在丛林生活中的孤立和孤独。

《牲口贩子之妻》（*The Drover's Wife*，也译作《赶牲畜人的妻子》）长期以来被公认为劳森最著名的短篇小说之一，是澳大利亚丛林小说的经典之作，被誉为"澳大利亚的国家文学瑰宝"④，长期以来，被列入澳大利亚中小学教学大纲的必读篇目中。这篇短篇小说写于 1892 年，那时劳森刚步入文学舞台。他在《公报》的资助下到澳大利亚北部实地考察后被当地的风土人情吸引，于是就创作了这篇短篇小说。可以说，北澳之行对劳森后来的创作产生了重大影响。《牲口贩子之妻》采用现实主义写作手法，生动地描绘了早期的澳大利亚丛林，真实地再现了一个无名年轻女子在丈夫长期缺席的家庭中，是如何独自克服丛林里的各种困难和艰辛，抚养她年幼的四个孩子。

---

① 陈振娇：《亨利·劳森与澳大利亚文学批评》，博士学位论文，苏州大学，2016，第 1 页。

② 左岩：《亨利·劳森和他的短篇小说》，《解放军外语学院学报》1994 年第 3 期，第 76 页。

③ 吴文辉：《澳大利亚现实主义文学的奠基人——亨利·劳森》，《中山大学学报（哲学社会科学版）》1979 年第 2 期，第 97 页。

④ Carmel Bird, *Australian Short Stories* (Boston: Houghton Mifflin, 1991), cover page.

现实主义是 19 世纪 30 年代首先出现在法国、英国等地的一种文学思潮，是 19 世纪欧美文学的主流。现实主义的基本特征是按照现实生活的风格再现生活，通过塑造典型形象来揭示社会生活的本质规律。① 因此，本文将从描写的客观性、细节的真实性、形象的典型性三个方面分析劳森的现实主义写作技巧。

二、描写的客观性

描写的客观性是通过客观具体的描写来表现作者的思想倾向和他的爱与恨。② 也就是说，作者客观地给出了具体的描述。在《牲口贩子之妻》中，第三人称全知视角一直贯穿整个故事，即便当女主人公回忆过去时，如"（等蛇出洞时）牲口贩子之妻（丛林女人）时不时地放下手里的活计，观察一下，侧耳倾听，陷入思考，她想到自己一生中所经历的事情，因为别的也想不起来什么"。③ 又如，"雨季野草就会生长，这使她想起了她丈夫不在家时，她扑救过的一场森林大火"④。第三人称视角不带有主观倾向，一般给人比较客观、真实的感觉。

另一方面，典型环境被清晰刻画。正如张加生在《劳森小说的丛林意象》一文中对丛林这一意象评价道，"丛林是这个国家的灵魂，是真正澳大利亚人的澳大利亚"⑤。也就是说，丛林在澳大利亚人的身份建构中发挥了不可或缺的重要作用。然而，当丛林刚被开垦时，当第一批定居者站在这片土地上时，它是那么的荒凉而危险。在小说的一开篇，劳森用大量的笔墨来描述恶劣的自然环境——丛林，为后来女主人公的不幸经历渲染了气氛。牲口贩子之妻和她

① 尹书文：《格雷厄姆·格林小说〈权利与荣耀〉中的现实主义写作手法研究》，硕士学位论文，东北师范大学，2009，第 5 页。
② 同上，第 5 页。
③ Henry Lawson, "The Drover's Wife", *Australian Literature: Themes & Selected Readings*, ed. Yong Su (Beijing: Peking University Press, 2004), p. 17.
④ Ibid., p.18.
⑤ 张加生：《劳森小说的丛林意象》，《南通大学学报（社会科学版）》2015 年第 1 期，第 64 页。

的四个孩子生活在恶劣的自然环境中："这里四周都是丛林——无边无际的丛林……由矮小、枯朽的野生苹果树组成。没有杂草，除了几棵深绿色的大麻黄树在窄窄的、几乎没有水的小溪上方叹息外，没有什么能让人放松的了。这是主干道上的一间棚屋，离最近的文明标志有 19 英里。"[①] 可以窥见的是，周围是极具代表性却彼此孤立、死气沉沉、单调且压抑的丛林环境。牲口贩子原为私自占英王土地的放牧者（squatter）[②]，但是由于一次大干旱而破产，为了生存，不得不去给别人赶牲畜。除此之外，女主人公和孩子们住的房子也非常简陋。他们住在"两居室的房子里，房子是用圆木、厚板和细树皮建造的，铺着木板条地板。一端的大树皮厨房比房子本身还大……"[③]。破旧的房子不仅映射出他们简朴的生活方式，也暗示了他们艰难的生活条件。

总而言之，用"矮小"和"枯朽"等简单明了的词语来形容丛林及其周围环境，为女主人公后来和其他丛林人与自然事物的战斗，例如毒蛇与大火，奠定了情感基调，彰显了在艰苦环境中女主人公的刚毅坚强。此外，对典型的澳大利亚丛林及其周围环境的描述，包括危险的丛林、破旧的房子、孤独的无名女主人公和她年幼的孩子们，则凸显了丛林女性生活的孤独和艰辛，以及她们生活环境的荒凉。

三、细节的真实性

现实主义文学理念强调细节的真实性。[④] 也就是说，生活的真实画面可以通过详细且真实的描述而反映出来。在《牲口贩子之妻》中，无论是对女主人公与毒蛇和大火的斗争，还是对她与其他丛林人的抗争的详细描述，亨利·劳森由此真实地展现了女主人公的机敏勇敢，暗示了丛林环境的危机四伏。

---

① Henry Lawson, "The Drover's Wife", pp. 11-12.

② "squatter", *The Free Dictionary* (Feb. 12, 2022), https://www.thefreedictionary.com/squatter.

③ Henry Lawson, "The Drover's Wife", p. 11.

④ 雷内·韦勒克：《文学思潮和文学运动的概念》，刘象愚译，中国社会科学出版社，1989，第 116 页。

在女主人公出场前，劳森首先详细描述了她的四个孩子，"四个衣衫褴褛、瘦弱干巴的孩子正在屋外玩耍，突然其中一个孩子尖叫起来，'蛇！妈妈，这里有蛇！'"[1]伴随着孩子们的尖叫，一位"瘦削憔悴、皮肤黝黑的丛林女人"猛地冲出厨房，这是她听到孩子尖叫的第一反应。在这样一个简短的介绍中，作者用了大量的细节来描绘女主角和她的四个孩子的外表，例如"瘦削憔悴、皮肤黝黑"和"衣衫褴褛、瘦弱干巴"，或者她的一连串动作，例如"一把抱起地上的孩子""左手夹着"和"右手就去拿木棍"[2]这一系列连贯的动作真实地刻画了女主人公作为一位丛林母亲在潜在危险面前的第一反应，而对其外貌的描写则向读者展示了丛林女性长久辛勤劳作后的黝黑与憔悴。此外，在与毒蛇搏斗的高潮情节之前，劳森还分别对毒蛇、捕蛇狗和女主人公的状态做了细致入微的刻画："墙角缝中露出一双小如豆粒却凶光闪闪的眼睛……捕蛇狗不由得向前凑近几步，然后一动不动……女人被这紧张的场面惊呆了，僵直地坐在那里……"[3]把蛇凶狠的眼睛刻画得非常逼真。"捕蛇狗跳起来，向蛇咬过去，但是没咬中，因为它的鼻子太大了……它又咬过去，这次咬到了那条蛇，把它拖出来有大约18英寸。砰，砰，女人的棍子向蛇砸去。短吻鳄（捕蛇狗）又把蛇拉出来一截。砰，砰，女人又砸。短吻鳄又用力一拉，把蛇拽了出来——一条黑色的家伙，5英尺长。蛇抬起头来，四处乱窜，但狗咬到了蛇的颈部。它是一只大而重的狗，但动作快得像小猎犬。它摔打着蛇，仿佛它与人类一样记得那原祸。"[4]这段文字反映了搏斗的激烈程度。劳森又用"毒蛇断背碎头"反映死蛇的状态。[5]蛇是自然的意象，同时也象征着邪恶。因为澳大利亚没有体形巨大的猛兽，蛇就成为给人类带来巨大威胁的动物之一。与毒蛇搏斗暗示了丛林人与自然的关系，他们生活在如野兽般危机四伏的环境中，丛林人必须依靠自己才能生存。同时，毒蛇的最终死亡也预示着危险的自然环境迟早会被

① Henry Lawson, "The Drover's Wife", p. 12.
② Ibid., p. 12.
③ Ibid., p. 22.
④ Ibid., pp. 22-23.
⑤ Ibid., p. 23.

勇敢的人们所战胜。

此外，当女主人公的丈夫不在家却有自然灾害如大火发生时，她还必须承担起家中男性角色。劳森也详细描述了她与丛林大火的抗争。为了在丛林中生存下去，她竭尽全力与大火搏斗，她"穿上丈夫的旧裤子，用青树枝扑灭火焰"。火熄灭后，她只剩下"被烟熏黑的手臂"，"额头上冒出大滴乌黑的汗珠，一滴一滴地流下来"①。此外，劳森还分别从捕蛇狗和她的孩子的视角，真实地描述了女主人公与大火搏斗后所产生的细微变化。捕蛇狗没有"立即听出女主人的声音"，而当女主人公抱起婴儿时，婴儿不断地"哭喊和抽搐挣扎，以为是'怪物'来了"②。这些细致真实的细节，无一不展示了女主人公扑火的艰辛，以及在大火面前她展现出的作为丛林女性和丛林母亲的坚毅勇敢。

程士倩曾在《论〈赶牲畜人的妻子〉中现实主义与现代手法的交错》一文中评论道，"细节真实性描写在塑造典型人物和典型性格，突出典型环境的现实意义，表现作品的社会意义等方面都具有画龙点睛的作用"③。也就是说，一系列真实的细节描写不仅使丛林人与自然环境或与他人抗争以求生存的日常生活细节跃然纸上，还彰显了丛林母亲独自带着四个孩子生活在充满危险和挑战的丛林中的勇气和力量。

四、形象的典型性

典型性是现实主义的灵魂，形象的典型性就是通过典型的方式揭示生活的本质特征。④在《牲口贩子之妻》中，对丛林女性的典型形象的塑造是通过将女主人公刻画为一位坚毅勇敢、永不屈服、幽默风趣，但有时也会多愁善感的丛林母亲的形象来实现的。

---

① Henry Lawson, "The Drover's Wife", p. 18.

② Ibid., p. 18.

③ 程士倩：《论〈赶牲畜人的妻子〉中现实主义与现代手法的交错》，《世界文学评论（高教版）》2013年第2期，第151页。*The Drover's Wife* 有人译为《赶牲畜人的妻子》，本文译作《牲口贩子之妻》。

④ 尹书文：《格雷厄姆·格林小说〈权利与荣耀〉中的现实主义写作手法研究》，第5页。

一方面，牲口贩子之妻是一个独立、勇敢，虽有妥协但不屈服的丛林女性。尽管女主人公曾在丈夫不在的时候感到无助，说"有些事情是丛林女人做不到的"①，但她仍旧坚持了下去。正是她的坚持侧面印证了丛林女人的坚毅。由于贫困，丛林男性在家庭中总是缺席的，女性则需要独自面对恶劣自然环境的挑战。在没有丈夫陪伴的日子里，女主人公经历并克服了一系列严峻的生存考验。她回忆道，她曾独自与大火、洪水、牛疾、疯牛和猎鹰等作过斗争。在一场几乎摧毁她家的大火中，她承担起了丛林男性的角色。在与毒蛇的斗争中，她展现了作为母亲的勇敢。她当然也害怕毒蛇，但每当想到"小叔子的小儿子最近被蛇咬死了"②，就更加愿意勇敢地与毒蛇搏斗，以保护她孩子的安全。更重要的是，作为一位母亲，她有坚强的意志，面对孩子夭折的现实，她"背着死去的孩子骑马走了十九英里求救"③，只为不放弃一线希望。

这位年轻的丛林母亲与她的四个年幼的孩子独自生活在一个僻静的丛林中，除了与自然灾害作斗争外，还必须与经过她家的"邪恶面目的男性"和"可疑样子的陌生人"打交道④。她是女人，但在危险面前她比男人更坚强。当一个"死刑犯模样的流浪汉表示要留宿一夜"时，女主人公一手拿着从沙发上抽出来的木条，一手抓着狗项圈，直接对他严厉拒绝道："你给我出去！"⑤丛林中环境恶劣，丛林女性需要独自面对一切苦难，女主人公以她的智慧和勇敢解决了这一切，这也是所有丛林女性的共同特点。

然而，除了所有丛林女性都具有的智慧和勇敢外，女主人公身上还有着对生活现实的妥协。孙长玥曾写道，"常年的艰辛劳动与忙碌的生活在不知不觉中磨平了女主人公身上的棱角，她被时间的洪流所裹挟打磨，反复冲刷，褪去了自己心中属于女性的那份浪漫与感性的气质色彩，成为沉默的爱人"⑥。这

---

①　Henry Lawson, "The Drover's Wife", p.18.

②　Ibid., p. 15.

③　Ibid., p. 17.

④　Ibid., p. 19.

⑤　Ibid., pp. 19-20.

⑥　孙长玥：《虚幻的丛林与真实的心灵——对〈赶牲畜人的妻子〉中的丛林女性形象分析》，《宿州学院学报》第 28 卷（2013 年）第 8 期，第 55 页。

种沉默首先表现在她"习惯了一个人待着"①。当久未归家的丈夫回来时，她没有表现得"激动不已或慌张无措"，相反，她只是"为丈夫准备了好吃的，同时把孩子们打扮得整整齐齐的"，尽管"丈夫回来她感到很是喜悦"②。此外，在孤独而简单的丛林生活中的辛勤劳作使"她所有的少女希望和抱负都烟消云散了"③。虽然在结婚前她有自己的梦想，但她还是向现实的安排妥协了。

另一方面，在女主人公的独立和勇敢之下，也能感受到她柔弱的多愁善感和面对灾难时无奈而又乐观的性格。在小说中，她哭了好几次。当她想到"当她的丈夫回到家，看到多年的劳动成果被一扫而空时，他会怎么想？"她为没有"拯救小河对岸（她丈夫构筑）的大坝"而哭泣。④她因土著为欺骗她而堆砌的"空心木堆"而哭泣，不仅是因为她"多给了黑人土著一些烟草，还赞美了他"，更因为他背叛了她的信任。⑤在故事的结尾，当毒蛇最终被打死时，她哭了。她的泪水不仅来自与毒蛇搏斗的解脱，也来自丛林中独自生活的艰辛，这都让她感到筋疲力尽。当她的孩子看到母亲眼含泪水，他"一下子搂住她，哭着喊道，'妈妈，我这辈子都不外出去赶牲畜了！打死我都不去！'"⑥小男孩这么说，是想用这样的承诺来安慰他的母亲，因为这个女人在没有丈夫陪伴的情况下抗争了很多次。然而，小男孩无法兑现他的诺言，因为生存是丛林人的职责。未来，他的母亲将需要再次孤军奋战。此外，从她泪流满面的情节中读者也还是能感受到她的乐观和幽默："她掏出手帕来擦泪水，但碰到眼睛的竟是自己的手指头。原来手帕上有很多洞眼，自己的大拇指和食指都直接穿过手帕上的洞眼钻出来了……"⑦劳森通过女主人公的感伤表达了丛林人生活中的无助与无奈，同时表达了他对孤独、痛苦但乐观坚韧的丛林女性的深切同情。

总而言之，牲口贩子之妻是一位平凡的母亲，也是丛林女性的典型代表。

---

① Henry Lawson, "The Drover's Wife", p. 16.
② Ibid., p. 20.
③ Ibid., p. 16.
④ Ibid., p. 18.
⑤ Ibid., p. 21.
⑥ Ibid., p. 23.
⑦ Ibid., p. 21.

劳森细致描绘并高度评价了女主人公在不同的灾难和挫折面前所展现出来的聪明、勇敢和独立，这不仅是女主人公的个人特点，同时也是所有丛林女性和澳大利亚人的精神写照。

五、《牲口贩子之妻》的经典衍射

劳森的短篇小说《牲口贩子之妻》以其现实主义手法，塑造了坚强、忠诚、勇敢的丛林女性——牲口贩子之妻，反映了 19 世纪澳大利亚历史经济环境的现实。该作品已经成为澳大利亚文学经典，催生了一系列互文文本：

> 劳森的《牲口贩子之妻》激起了读者和评论家的求知欲，激发他们寻找"真实的澳大利亚之声"。该作品毫无疑问是澳大利亚最著名的短篇小说。在劳森的所有短篇小说中，该作品也是最经典、赢得最多赞赏的作品，同时，也是被评论最多的，被模仿最多的作品，又是被仿拟、嘲讽最多的作品。[①]

截至 2002 年，陈兵教授发现有四篇短篇小说和劳森原著重名，为默里·贝尔（Murray Bail, 1975）、弗兰克·穆尔豪斯（Frank Moorhouse, 1980）、芭芭拉·杰弗里斯（Barbara Jefferis，1980）和大卫·爱尔兰（David Ireland）所著，分别表现了不同的主题。陈兵比较了劳森原著与贝尔和穆尔豪斯的同名文本。[②]

1986 年，安·甘伯灵（Anne Gambling）又发表同名小说，作为女性作家，甘伯灵和杰弗里斯一样，都将视角转向女性，和劳森原著中展现的男性视角下

---

① Liesel Hermes, "Henry Lawson's 'The Drover's Wife' and the Australian Short Story", in Anke Bartels and Dirk Wiemann, eds. *Global Fragments: (Dis) Orientation in the New World Order*, 2007, p. 306.

② 陈兵：《〈赶牲畜人的妻子〉——评亨利·劳森、默里·贝尔和弗兰克·穆尔豪斯的三篇同名小说》，《解放军外国语学院学报》2002 年第 6 期，第 85 页。

的"丛林女性"（bush-woman）形成鲜明对比。①

劳森的短篇小说《牲口贩子之妻》家喻户晓，深入人心，人们对很多事物的思考都自然地与牲口贩子的妻子产生联系。2005 年，彼得·乌斯塔巴斯迪斯（Peter Oustabasidis）在他的同名诗歌中，描述了广袤的土地上人烟稀少，"可以走上 90 英里，都不会遇到一个人"②。同时，该诗提及森林大火，已经烧到"路的那一边"③。后面又交代了一些丛林生活的常识：不跟山火比速度，不能向山上跑，要向山下跑等。④ 这是对小说中牲口贩子之妻经历的大火的呼应，那场火差点把她烧死。诗中说世界上最毒的 15 种蛇有 11 种在澳大利亚，并描述了眼镜蛇的脖子可以向两边延展，宽得像帽子一样，可见其恐怖之态。⑤ 虽然劳森原著中并没有明确说闯入牲口贩子之妻家里的蛇是眼镜蛇，但是，那条蛇应该同样令人恐惧。这种可怕的蛇使得牲口贩子之妻倒吸一口凉气——"a rapid in-rushing of air"⑥，尤其是当她想到她四个孩子的安全时。诗中的狗听觉灵敏，可以在"六百分之一秒内判断声音的来源"，因此可以很快找到蛇的藏身之处，而且它"凭血性行事，不去思考恐怖和危险"（A dog's heart isn't in its brains）⑦，如果蛇敢露出头，它就敢用它的"42 颗牙齿"把蛇咬住。这是乌斯塔巴斯迪斯的诗歌对劳森原著的改写，而原著中的狗——"短吻鳄"——已经老了，还有点儿聋，它连女主人的声音都没听出来，一直把她当作"黑人"（或者生人）对待，咬着她的鼹鼠皮裤不放。诗歌将原著的情形理想化了。同时，通过诗作和原著的对比，能够看出原著中狗的忠诚：虽已暮年，但是仍然坚守。诗中给了牲口贩子一个名字：克兰西（Clancy's gone a droving,/ and we don't know where he are）⑧。劳森原著中，牲口贩子并没有名字，其妻子也没

---

① Isabel Carrera-Suarez, "A Gendered Bush: Mansfield and Australian Drovers' Wives", *Australian Literary Studies*, 1991 Special Issue, Vol. 15, Issue 2, para. 2.

② Peter Oustabasidis, "The Drover's Wife", *Hecate*, Vol. 31, Iss. 1 (2005), p. 24.

③ Ibid., p. 24.

④ Ibid., p. 27.

⑤ Ibid., p. 24.

⑥ Ibid., p. 25.

⑦ Ibid., p. 25.

⑧ Ibid., p. 27.

有名字，因为他们代表的是成千上万的牲口贩子和他们的妻子。这首诗中虽然赋予了牲口贩子一个名字，但是他依然缺场，所以，有名字和没名字，效果是一样的。这两句民谣式的诗歌同时体现出牲口贩子的妻子的语言主谓不一致，不符合语法，表明她并没有受过什么教育。她生活拮据、身无分文，因此满脸愁容、布满皱纹（An empty purse fills the face with wrinkles）①。这样的一位妻子和母亲却是伟大的，其坚忍的态度、忠诚的守候和勇敢的举动直到今天仍然为人们所赞叹："妈！"和"啊！"听起来多像呀（A word like MOM or WOW has got vertical symmetry）②！

劳森的短篇小说《牲口贩子之妻》还衍生出一系列类似名称的作品。如2020年，从格拉斯哥移民至澳大利亚的作家莱恩·奥尼尔（Ryan O'Neill）所著《牲口贩子的妻子们——一个经典短篇小说的101次转述》（*The Drover's Wives: 101 Retellings of a Classic Short Story*, 2020），在劳森现实主义风格原作的基础上把它演绎成几乎所有的（文学）形式：打油诗、十四行诗、恶搞菜谱、垃圾邮件、房地产广告、系列推文、表情包等。这些改写紧密结合澳大利亚语境，并非所有读者都能领会其中的诙谐。③

1988年，奥尔佳·马斯特斯（Olga Masters）发表了《一篇亨利·劳森式的故事》（*A Henry Lawson Story*）。1991年，同样受劳森影响，戴敏·布罗德里克（Damien Broderick）发表了该话题的后结构主义版本——《牲口贩子之妻的狗》（*The Drover's Wife's Dog*），将叙事声音换成了狗的声音。④

劳森的这篇名作甚至影响了现代主义画家罗素·德莱斯戴尔（Russell Drysdale）。德莱斯戴尔于1945年绘制了同名画作。

值得一提的是澳大利亚土著女性小说家、剧作家、导演兼演员丽雅·普尔塞尔（Leah Purcell）对劳森原著的多模态改写及演出。1970年8月14日，普

① Peter Oustabasidis, "The Drover's Wife", p. 24.

② Ibid., p. 25.

③ Jeffrey Poacher, "Bushwomen: The Drover's Wives, 101 Retellings of a Classic Short Story", *High Jinks and Bedrocks, Lightning Books* (January 31, 2020).

④ Isabel Carrera-Suarez, "A Gendered Bush: Mansfield and Australian Drovers' Wives", para. 2.

尔塞尔出生在澳大利亚昆士兰州的穆尔宫（Murgon），是 Goa-Gunggari-Wakka
Wakka Murri 土著和白澳混血，兄弟姐妹 7 人，她最小。小时候，她的土著妈
妈就给她读劳森的短篇小说《牲口贩子之妻》。不过，妈妈在她十三四岁的时
候就去世了。她后来有过酗酒、未婚早育的经历，还蹲过监狱。2014 年，普尔
塞尔将劳森的原著改写成同名舞台剧，2019 年又将其改写为同名畅销小说，接
着，她又将其改编成同名电影，并亲自担任导演和主演，2021 年该片首映，因
疫情影响，2022 年 6 月才正式发行。普尔塞尔从女性视角和土著视角对劳森原
著的再想象呈现给读者和观众一个发人深思的澳大利亚西部片。[1] 普尔塞尔将
劳森相对简单的情节和人物极大地复杂化了。她赋予女主角一个名字：莫莉·约
翰逊（Molly Johnson），她身怀六甲，同时又不得不照顾自己已有的四个孩子。
故事中出现了土著罪犯雅达卡（Yadaka）。莫莉对雅达卡产生了同情，继而发
展成复杂浪漫的情愫。故事结尾，莫莉的丈夫——一个惯于家暴的醉鬼[2]——
并没有跟随其他牲口贩子回来。开放的结尾给读者和观众带来无限遐想。对比
劳森原著中的土著，读者不难发现那里的"黑人"愚弄了牲口贩子的无名妻子，
恩将仇报，在当时的白澳政策下，作者不会将其所作所为视为"恶作剧者"或
者"魔法师"的行为，而是经常忽视土著，或对土著带有歧视目光，将其视为"骗
子""撒旦"。[3] 在普尔塞尔的作品中，"黑人"雅达卡不再是扁平的、纯粹
的坏人，而是一个有血有肉的人的形象。

六、结 论

本文从描述的客观性、细节的真实性和形象的典型性三个方面分析了《牲
口贩子之妻》中的现实主义手法。具体来说，劳森用朴实无华的文字和第三人

---

① Ben Nicholson, "The Drover's Wife: The Legend of Molly Johnson", *Sight & Sound*, June 2022, Vol. 32, Issue 5, para. 2.
② Paul Daley, "Leah Purcell on Reinventing The Drover's Wife Three Times: 'I Borrowed and Stole from Each'", *The Guardian*, 2019-12-23, para. 10.
③ Ibid., para. 9.

称全知的视角，对丛林及其周围环境进行了具体的描述。继而，一系列真实的细节描写使丛林人与自然环境抗争、与他人抗争以求生存的日常生活细节跃然纸上的同时，还彰显了丛林母亲独自带着四个孩子生活在充满危险和挑战的丛林中的勇气和力量。最后，所有丛林女性和澳大利亚人的勇敢、聪明、独立的精神，都通过丛林女性的典型形象——牲口贩子之妻呈现了出来。澳大利亚现实主义鼻祖亨利·劳森的《牲口贩子之妻》刻画了女主在严酷的丛林中生存所具备的主要品质："适应性、坚韧性、忍耐性和忠诚性。"[①]

劳森通过《牲口贩子之妻》对 19 世纪澳大利亚边民艰苦生活的现实主义刻画，鼓励了澳大利亚人，尤其是澳大利亚白人的奋斗精神、拓荒精神，可谓是当时历史语境中澳大利亚民族精神的最好注脚，也是澳大利亚现实主义文学的经典之作。但是，随着现代主义、女权主义、后结构主义、后殖民主义、多元文化等思潮的发展，该作品被一代又一代的不同性别、不同种族、不同文化背景的作家、艺术家屡次改写、逆写，形成了多姿多彩的文学群像。

劳森《牲口贩子之妻》的经典性注定其在未来几十年，甚至几个世纪，都将在澳大利亚文坛，甚至世界文坛继续大放异彩。

---

① 曾蒙蒙、杨永春：《叙事学下的〈赶牲畜人的妻子〉》，《戏剧之家》2018 年第 16 期，第 237 页。

《呼吸》中男性气质的"去中心化"

王福禄^①

摘要： 《呼吸》是澳大利亚当代作家蒂姆·温顿一部以冲浪为主题的成长小说。叙述者派克通过回忆的方式，讲述了自己在青春期阶段与好友鲁尼、导师桑多挑战冲浪，以及和桑多妻子伊娃的性爱冒险游戏。为了获得他人认同，派克在游戏中致力于构建支配性男性气质，但因自身能力的不足逐渐被边缘化，展现出男性气质身份的去中心化过程。小说颠覆了性角色论中固化的男性形象，修正了传统女权主义关于男性都是压迫者的认识，表现出男性同样是父权意识形态受害者。本文基于瑞文·康奈尔的男性气质理论，分析派克男性气质去中心化的四个阶段，探讨传统性角色范式带给男性的身心束缚，为男性认识自我、重构身份提供借鉴。

关键词： 《呼吸》；蒂姆·温顿；男性气质

一、引　言

《呼吸》（*Breath*，2008）是蒂姆·温顿（Tim Winton，1960—）一部以冲浪为主题的成长小说，2008 年获得澳大利亚年度时代图书奖和独立奖（小说类），次年荣获澳大利亚最高文学奖迈尔斯·富兰克林奖。国内学界对这部小

---

①　王福禄，博士，南通大学外国语学院讲师，主要研究方向为澳大利亚文学。本文是南通大学校级项目《蒂姆·温顿的非典型性别气质书写研究》（135422607045）的阶段性成果。

说的评论集中于冲浪这一极限运动带来的"乐趣和危险"①"极限运动背后的霸权"②"平庸恐惧症"③，以及由此折射出的澳大利亚民族性格的"文化自卑心理"④，也有学者从"冒险、群居、性解放"的角度提出《呼吸》是对 20 世纪六七十年代澳大利亚反文化运动的"严肃反思"⑤。总体而言，国内学界对这部小说的人物塑造、成长主题和象征意义予以解读，但没有关注小说人物在成长过程中男性气质的特质及其动态化建构过程。实际上，男性气质不仅是该小说的主题，也是贯穿温顿创作的重要主线。

温顿在其作品中颠覆了传统意义上"男强女弱"的刻板模式，消解了澳大利亚丛林现实主义文学传统中的硬汉式男性形象。国外学界对这种一反正统的男性气质予以关注，主要观点可以归纳为两类。一种观点认为，温顿拆解了传统父权制的家庭结构，挑战了性角色论中固化的男性印象，使得男性从父权制的负担和恐惧中解放出来，具有积极的意义⑥；另一种观点认为，尽管温顿颠覆了传统男女两性气质，但他笔下的女性人物被塑造得刻板老套并成为男性建构身份的参照，折射出作者本人父权制、厌女症和性别歧视的倾

---

① 徐在中：《极限快乐与危险游戏——评蒂姆·温顿的新作〈呼吸〉》，《外国文学动态》2010 年第 5 期，第 25 页。

② 侯飞：《极限运动背后的霸权——评蒂姆·温顿小说〈呼吸〉》，《南华大学学报（社会科学版）》2013 年第 5 期，第 121 页。

③ 侯飞：《平庸恐惧症与澳大利亚民族性格》，《浙江师范大学学报（社会科学版）》2014 年第 5 期，第 12 页。

④ 侯飞、王腊宝：《论蒂姆·温顿〈呼吸〉中的死亡冒险》，《当代外国文学》2019 年第 3 期，第 52 页。

⑤ 徐在中：《追求超常生活的代价——论〈呼吸〉对反文化运动的反思》，《当代外国文学》2013 年第 4 期，第 89 页。

⑥ See Sarah Zapata, "Rethinking Masculinity: Changing Men and the Decline of Patriarchy in Tim Winton's Short Stories ", *Atenea*, No. 28.2 (2008), pp. 93-106; Roie Thomas, "Inspire, Expire: Masculinity, Mortality and Meaning in Tim Winton's 'Breath'", *Journal of Men, Masculinities and Spirituality*, No. 4.2 (2010), pp. 54-65; Lyn McCredden, *The Fiction of Tim Winton: Earthed and Sacred* (Sydney: Sydney University Press, 2016), pp. 35-48.

向①。国外学界对温顿作品的男性气质解读呈现两极分化趋势，其原因在于他们多采用共时比较分析法，比如男女之间、男性同性之间，忽略了从历时角度审视男性气质的建构过程。以《呼吸》为例，随着时间的推移，小说主人公的男性气质经历着复杂的变动，表现出反复、矛盾和去中心化的特点。这种书写方式模糊了性别角色的界限，折射出男性气质的多样性和复杂性。本文结合澳大利亚社会学家瑞文·康奈尔（R.W. Connell）的男性气质理论，分析小说主人公派克男性气质的去中心化过程。

二、支配性男性气质：挑战极限，力不从心

康奈尔在种族、性别和阶级相互作用的基础上，将西方性别秩序中的主要男性气质分为支配性、从属性、共谋性和边缘性四种模式。所谓支配性男性气质（hegemonic masculinity），源自"葛兰西（Anthony Gramsci）对阶级关系的分析，它指那种文化动力，通过这种动力，一个群体声称和维持其在社会生活中的领导地位"②。在康奈尔看来，支配性男性气质即父权制的合法体现，它不仅"保证着（或用来保证）男性的统治地位和女性的从属地位"③，而且在男性内部建立起等级分明的理想国。在《呼吸》中，支配性男性气质是故事发展的驱动力，也是小说人物获得身份和成长的关键。

小说开篇，中年护理员派克采用倒叙的方式，回忆起自己成长历程中对支配性男性气质的追寻。因为厌倦小镇平庸乏味的生活，派克和好友鲁尼（Ivan Loonie）在河里比赛憋气。"我们屏住呼吸计算着时间……需要集中注意力和意

---

① See Hannah Schuerholz, "Bodies That Speak: Mediating Female Embodiment in Tim Winton's Fiction", *Australian Literary Studies*, No. 27.2 (2012), pp. 32-50; Elizabeth Guy, "Tim Winton Writing the Feminine", *Women-Church: An Australian Journal of Feminist Studies in Religion*, No. 19 (1996), pp. 31-37; Colleen McGloin, "Reviving Eva in Tim Winton's Breath", *Journal of Commonwealth Literature*, No. 47.1 (2012), pp. 109 -120; M. Pilar Baines Alarcos, "She Lures, She Guides, She Quits: Female Characters in Tim Winton's 'The Riders'", *Journal of English Studies*, No. 8.8 (2010), pp. 7-22.

② R. W. Connell, *Masculinities* (California: California University Press, 2005), p. 77.

③ Ibid., p. 77.

志来蔑视自己身体的逻辑，进而抵达闪光的极限。"[1]派克和鲁尼无意识的游戏揭示出个体渴望突破身体极限，借此证明自我存在的价值。此外，两位少年正值青春期，他们水下比赛憋气这一行为折射出冒险游戏与男性气质身份认同的关系。罗伯特·布莱（Robert Bly）就指出，"青春期对男孩而言是冒险的时期，冒险同样也是对成长的一种渴望"[2]。罗萨多（Michelle Rosaldo）也认为，"在男孩迈向成年的过程中，他必须要向其他男孩证明自己，证明自己的男性气质"[3]。憋气游戏中，派克与鲁尼不仅是伙伴，还是竞争对手。因而，水下憋气不仅是一种游戏，也是获得身份认同的媒介，通过这个媒介，个体得以展示自己身为男性的特质和属性。正如文学批评家莱韦伦茨（David Laverenz）所言，"男性气质意识形态最初是通过男性同龄人的凝视及男性权威的联系得以运转"[4]。小说中，派克和鲁尼以彼此为参照对象，以胜过对方为目标，展示出处于成长阶段的男孩对获得他人认同的渴求，暗示出支配性男性气质是男性之间约定俗成的认同标准，即男性个体通过展现自己的卓越才能来彰显自我身份。

随着时间的推移，派克和鲁尼不再满足于水下憋气这种缺乏挑战性的游戏，去往附近的大海参加更为刺激的冲浪运动。初次面对汹涌的海浪，"我因恐惧而颤抖。我无意于在这些海浪上冲浪——它们超越了我的极限——但是我又不想被其他人甩在后面，因而我拼命地划水积蓄力量，在海浪破碎之前跳过它们"[5]。恐惧原本是人面对危险时的本能反应，但在传统的男性气质话语体系中，承认恐惧意味着男性气质的缺失，因而，为了变得男性化，男人必须磨灭一些基本人性，如敏感、恐惧感、脆弱感、合作、满足感和消极的愉悦，因为它们

① Tim Winton, *Breath* (Melbourne: Penguin Random Australia Pty Ltd, 2018), p. 51.

② Robert Bly, *Iron John: A Book About Man* (New Jersey: Addison-Wesley Publishing Company, Inc, 1990), p. 29.

③ 转引自龚静《销售边缘男性气质——彼得·凯里小说性别与民族身份研究》，四川大学出版社，2015，第68页。

④ Qtd. in Michael S. Kimmel, "Masculinity as Homophobia: Fear, Shame and Silence in the Construction of Gender Identity", in *Feminism and Masculinities*, ed. Peter F. Murphy (New York: Oxford University Press, 2004), p. 186.

⑤ Tim Winton, *Breath*, p. 56.

被视为"女性化"的标志①。无畏通常被视为男性证明自我的标志，比如海明威（Ernest Hemingway）在《老人与海》（*The Old Man and the Sea*）中塑造的硬汉人物桑迪亚哥（Sandiago），通过与鲨鱼反复搏斗来证明"男人不是为打败而生……男人可以被摧毁，但是不能被打败"②。同样，澳大利亚民谣诗人佩特森（Andrew Barton Paterson）在《来自雪河的人》（*The Man from Snowy River*）中，讲述了一位貌不惊人的雪河青年历经艰险，独自将狂奔的马群赶回原地，展现出丛林男性勇敢无畏的形象。1973 年诺贝尔文学奖得主——澳大利亚作家怀特（Patrick White）在其代表作《沃斯》（*Voss*）中，描写了德国人沃斯率领众人深入澳大利亚内陆的探险经历，尽管探险以失败告终，但他表现出"早期创业者不畏艰难、勇往直前的开拓精神"③。无畏作为检验男性气质的试金石有着"伟大的传统"，但它掩饰了男性本性中的恐惧感，扼杀了男性感性的一面，使得他们偏离人性的本源并迷失自我。

冲浪中，考验派克男性气质的不仅是充满危险的大海，还包括其他男性冲浪者的凝视。一定意义上，派克对同性的恐惧胜过对大海的恐惧，用迈克·S.基梅尔（Michael S. Kimmel）的话说就是恐同症，即"害怕别的男人揭除我们的面具，剥夺我们的男子气概，向我们和世界揭露：我们不够格，不是真正的男人"④。恐同症一方面令派克暂时克服了恐惧感，让他直面波涛汹涌的大海。另一方面，它也激起派克获得同性认同的渴望，间接肯定了支配性男性气质的合法性。小说中，派克既是支配性男性气质的挑战者，也是受害者，尽管派克拼尽全力，但还是不抵鲁尼。"看似过了很久我才最终被海浪拍打在浅滩中，肌肉火辣辣的，短裤紧贴在大腿上，那时候鲁尼已经站在海滩上，像个疯子一样露齿而笑，我的冲浪板首尾倒置地插在他身边干燥的沙子中。"⑤鲁尼的嘲

---

① 林·西格尔：《变化中的男性：大背景下的男性气质》，载詹俊峰、洪文慧、刘岩主编《男性身份研究读本》第一篇，武汉大学出版社，2010，第 88 页。

② 海明威：《老人与海》，海观译，商务印书馆，1960，第 150 页。

③ 黄源深：《澳大利亚文学史》，上海外语教育出版社，2014，第 249 页。

④ Michael S. Kimmel, "Masculinity as Homophobia: Fear, Shame and Silence in the Construction of Gender Identity", *Feminism and Masculinities*, ed. Peter F. Murphy (New York: Oxford University Press, 2004), p. 189.

⑤ Tim Winton, *Breath*, p.60.

笑与派克的狼狈展现出支配性男性气质给普通男性造成的身体伤害和精神焦虑。在竞争激烈的现代社会中，支配性男性气质在社会生活中居于主导地位，并内化成男性气质的理想范式和角色标准，而不符合这种标准的男性，往往会遭受他人的嘲讽和鄙视。同时，它鼓励男性按照这个标准塑造自我，并将同性认同视为男性获得身份的唯一方式，这使得男性同质化为单向度的、畸形的人。对于成长阶段的派克而言，追求支配性男性气质的失败意味着身份建构的受阻，派克从中心沦落到从属地位，经受着由失败带来的痛苦和焦虑。

三、从属性男性气质：渴望超越，铩羽而归

传统女权主义者认为，"男性气质是对控制、权力和征服的欲求"①，通常情况下，男性气质等同于男性，或者说，男性气质就是不同情境下的男性。在康奈尔看来，"在男性气质的总框架内，不同男性群体之间存在着具体的统治与从属的性别关系"②。为此，他以欧美国家为例，突出表现为处于统治地位的异性恋，以及从属地位的同性恋。康奈尔所言的支配与从属关系不是绝对的，在一定条件下向着彼此的对立面转化。在《呼吸》中，派克与鲁尼的主从关系在遇到美国移民桑多（Bill Sando）时发生了转移，支配性男性气质从鲁尼转移到了桑多身上，展示出男性气质的动态化过程，解构了男性气质的本质主义。

从属性男性气质折射出男性气质的可见性，这种可见性主要通过身体表现出来，比如游泳运动员的人鱼线、健身达人的六块腹肌、拳击选手强壮的肱二头肌。与此同时，身体也被人为打上了种族、阶级和年龄的印记。在西方主流文化中，理想的男性气质是"白人的、中产阶级的、异性恋的中年男性"③，这种理想在《呼吸》中的桑多身上得以完美体现。他的"头发泛白，胡须卷曲

---

① Michael S. Kimmel, "Masculinity as Homophobia: Fear, Shame and Silence in the Construction of Gender Identity", p. 193.

② R. W. Connell, *Masculinities*, p. 78.

③ Michael S. Kimmel, "Masculinity as Homophobia: Fear, Shame and Silence in the Construction of Gender Identity", p. 184.

而浓密。他的身材魁梧，肌肉发达，灰色的眼睛透着坚毅。很难分辨出他的年龄，但他一定三十开外了，这令他成为一个名副其实的老伙计"①。桑多的初次登场令派克与鲁尼感到惊艳，让两位少年对支配性男性气质的憧憬由想象变成了现实。他不仅以强健的身体赢得派克和鲁尼的崇拜，还通过高超的冲浪技术展现男性气质的魅力，"桑多乘着他那黄色的迷你冲浪板在原地滑过，不断向周围扩展，在齐腰高的海浪中实验。他不经意的冲浪方式散发着的权威和优雅，令我们的移动变得迟疑而僵硬……在他面前我们感到无地自容"②。桑多展现出的身体不仅是福柯（Michel Foucault）所言的权力规训的对象，同时也生产权力，让派克和鲁尼心甘情愿做他的学徒，期待桑多对他们的身体和行为进行改造。

从属性男性气质的存在也从侧面揭示出男性气质的等级性。基梅尔认为，"男性生活在权力关系的结构里"③，他们对权力的接近程度存在差别。以桑多为中心，派克和鲁尼虽然从属于他，但彼此之间存在细微的差距。然而，他们都不甘心跟班身份，渴望挑战桑多并成为新的权威。在桑多的目光下，"鲁尼带着冲浪板冲入水中，一边高呼着压抑的愤怒。不久之后，我跟上了他，自认倒霉，心怀恐惧"④。限于自身能力，派克在冲浪中越发感觉到力不从心。然而，桑多对派克与鲁尼一视同仁，带领他们去更加危险的地方冲浪，他们从"洞穴""老烟"转战到"鹦鹉螺"，在进步飞快、绝对自信的鲁尼面前，派克不得不承认自己是"胆小鬼"⑤。尽管在鲁尼受伤期间，派克在桑多的指导下有过短暂的辉煌，但鲁尼后来居上。"鲁尼设定了标准，桑多和我只能充满敬畏地看着他"⑥。在康奈尔看来，"支配性男性气质和边缘性男性气质不是固定的性格类型，而是在变化的关系结构中特别情境下产生的性别实践

① Tim Winton, *Breath*, p. 42.
② Ibid., pp. 68-69.
③ Michael S. Kimmel, "Masculinity as Homophobia: Fear, Shame and Silence in the Construction of Gender Identity", p. 195.
④ Tim Winton, *Breath*, p. 90.
⑤ Ibid., p. 108.
⑥ Ibid., p. 124.

形构"①。在冲浪游戏中,派克曾短暂地超越鲁尼,鲁尼也曾一度胜过桑多,表现出男性气质的不稳定性。与此同时,派克和鲁尼的差距越来越大,使得派克的从属性身份变得更加显而易见,他们三人构建起了等级分明的男性气质理想国。

随着鲁尼在冲浪上的飞快进步,派克最终被排除在他和桑多的世界之外,这一过程折射出男性气质的排他性,具体表现为鲁尼和桑多瞒着派克去马来西亚旅行,制作特别的冲浪板挑战新的极限。"桑多变得遥不可及。他似乎突然把我排除在外。我开始感受到他和鲁尼之间拥有秘密,以及有意隐瞒我的耻笑和鬼鬼祟祟的眼神"②。在派克心中,鲁尼和他不再同属一个阵营,而是加入桑多的支配性男性气质集团。他们有意的排挤令派克丧失信心,让派克为自己的无能感到羞愧,"我人生中第一次感受到这般孤独"③。通过呈现派克的心理焦虑和孤独感,温顿揭示了现实生活中从属性男性气质的男性经受身体和心理的双重压力,展现出传统性角色范式的压抑性和破坏性。小说中,鲁尼为了获得桑多的认同,无视生命危险参加冲浪,导致自己流鼻血并受伤。派克在遭遇桑多和鲁尼的排挤后,为了重拾信心独自去"鹦鹉螺"冲浪并因此险些丧命。在作者看来,鲁尼和派克展现出的与其说是勇敢,不如说是鲁莽,他们为了证明自己的男性气质不惜拿生命作赌注,这种为表演而表演的行为毫无意义可言。

四、共谋性男性气质:坐享其成,却遭颠覆

长久以来,支配性男性气质被视为男性角色的范本,但由于它充满理想主义色彩,很少有男性能够在生活中实践。尽管如此,现实生活中,大多数男性依然享受着支配性男性气质带来的"父权红利"。在康奈尔看来,某些人一方面"通过不同方式谋取父权利益,同时避开父权制推行者所经历的风险,这类

---

① R. W. Connell, *Masculinities*, p. 81.
② Tim Winton, *Breath*, p. 172.
③ Ibid., p. 182.

人的气质即共谋性男性气质"①。具备这类气质的男性表面上尊重女权主义者的主张，他们在家中扮演着好父亲、好丈夫的角色，在工作和生活中表现出绅士风度。然而，他们对支配性男性气质流露出含混的立场，间接推进了父权制在社会生活中的运转。

在《呼吸》中，共谋性男性气质首先体现为派克和鲁尼对伊娃（Eva Sanderson）的敌视和沉默。伊娃是桑多的妻子，曾经是美国花样滑雪运动员，在一次做空中360度转体动作时不幸摔伤了膝盖，为摆脱创伤，她与桑多移居到没有雪的澳大利亚。在派克和鲁尼去找桑多期间，"伊娃经常表现出疲惫的状态，似乎仅仅是为了桑多的缘故而忍受我们"②。伊娃的消极被动展现出遭受男性压迫的受害者形象。作为旁观者，鲁尼对伊娃非但没有同情，甚至流露出强烈的厌女症。"她是一个累赘，一个泼妇，一个愚蠢的美国佬，以及一个有毒瘾的人。"③鲁尼虽然没有直接压迫伊娃，但他的敌视与桑多对伊娃的疏远不谋而合，"似乎他对她的傲慢助长了他对桑多的忠诚。因为在鲁尼心中，伊娃总是那个压在我们英雄肩膀的重担"④。鲁尼眼中的伊娃就像是《简·爱》（Jane Eyre）中那个烧毁庄园、弄瞎罗切斯特的疯女人伯莎·梅森（Bertha Mason），她的存在阻碍了鲁尼、派克与偶像桑多更好的交流。相比而言，派克对伊娃的遭遇充满怜悯，但限于自己的从属性身份，默许鲁尼对她的敌视行为，"我知道我和鲁尼站在危险的一侧，但是他的恫吓使我发笑，因为我已经看到他正看着伊娃"⑤。基梅尔认为，"恐惧是男人沉默的根源，正是男人的沉默维持了父权制的运行"⑥。小说中，派克和鲁尼对伊娃的态度暗示出社会中大多数男性与父权制存在着普遍联系，他们要么通过沉默享受着既得的父权利益，要么通过敌视女性助长父权制的合法性。

---

① R. W. Connell, *Masculinities*, p. 79.

② Tim Winton, *Breath*, p. 72.

③ Ibid., p. 83.

④ Ibid., p. 84.

⑤ Ibid., p. 84.

⑥ Michael S. Kimmel, "Masculinity as Homophobia: Fear, Shame and Silence in the Construction of Gender Identity", p. 189.

此外，共谋性男性气质还表现为派克对伊娃的凝视。在遭到桑多和鲁尼的抛弃后，派克与伊娃走到了一起。"我俩不是彼此最喜欢陪伴的人，而是同病相怜。"①伊娃找到了倾诉的对象，跟派克讲起她过去在美国生活的经历。"当她开始告诉我有关她的事，我感觉到我再次被选中，我因她的信任而强大，那感觉像爱或者至少是友谊。"②从伊娃那里，派克找到了久违的身份认同，重新获得了自信。然而，派克与伊娃的关系并非平等，而是隐含着"女性身体和男性凝视的辩证逻辑"③。在派克眼中，伊娃散发着美国式的异域风情，她就像哥伦布初次发现的新大陆，身上呈现出独特的风景，给派克迫不及待探索的冲动。"我研究她膝盖上不幸的伤口。那清新的缝线显得有些肥胖和愤怒，像一只蜈蚣被卡在了她的肉体中；它与曾经的缝线重合，构成一个银色的巢，看上去像块化石。"④"不幸、肥胖、愤怒、蜈蚣、巢、化石"，这些充满情绪化的词汇和比喻，流露出派克对伊娃同情和猎奇的含混心态。派克的心理活动暗示出具有共谋性男性气质的男性对女性压迫的隐秘方式，尽管它没有支配性男性气质那样显而易见，但暗示出在时机允许、条件成熟的情况下会转变成支配性男性气质。

派克在坐享父权红利没过多久，再次陷入被边缘化的境地，展现出共谋性男性气质的不稳定性。在伊娃的诱惑下，派克与她发生了关系，这一过程中，派克初次体验到性带来的愉悦，也感受到伊娃带给他的男性气质威胁。小说中，伊娃年长派克十岁（二十五岁），体格比派克强壮，"但是伊娃身体健壮结实……她的手臂尽管强硬有力、伤痕累累，但是健硕有型"⑤。厌倦了平常的性行为，伊娃带派克玩性爱游戏，逐渐颠覆了派克的男性气质。随着游戏的不断升级，派克逐渐意识到"在与她的游戏中我不能胜任搭档，我至多是个观众"⑥。后来，

① Tim Winton, *Breath*, p. 167.
② Ibid., p. 220.
③ Hannah Schuerholz, "Bodies That Speak: Mediating Female Embodiment in Tim Winton's Fiction", p. 46.
④ Tim Winton, *Breath*, p. 169.
⑤ Ibid., p. 202.
⑥ Ibid., p. 225.

派克甚至对伊娃的举动感到无助和恐惧，"我希望桑多回家并把我从她那里拯救出来"①。从参与到观众，再到恐惧，派克在与伊娃的关系中逐渐被边缘化，再次陷入自我认知的迷茫状态。通过展现派克微妙的心理变化，作者一方面批判了具有共谋性男性气质的男性的不作为，同时也对传统女权主义将女性视为"受害者"的形象表达了质疑，暗示出男性在两性关系中不一定是掌权者和强者，甚至可能是被利用和压迫的对象。小说中，伊娃这一人物被刻画得富有张力，她因腿伤中断自己喜爱的事业，生活中遭遇丈夫桑多的冷落。然而，她将内心的压抑和痛苦转移到懵懂无知的派克身上。可以说，伊娃同为受害者和压迫者。作者并未对伊娃的行为作出道德评判，而是让读者反思派克与伊娃在地位反转过程中，男性气质在性别、身体和年龄上的个体差异。

五、边缘性男性气质：反思自我，主体渐成

边缘是个结构性概念，相对中心而存在，它既指二元对立的边缘，又指多元关系中的边缘，本身具有一定的含混性。对此康奈尔也无奈地表示，"尽管边缘性这个术语不够理想，但我找不出比它更好的词来说明处于统治地位的男性气质与从属阶级或种族群体的边缘性男性气质之间的关系"②。小说中，无论在与鲁尼、桑多还是伊娃的关系中，派克都处于边缘，然而，这种边缘并非一蹴而就，而是在身份建构过程中权力博弈的结果，经历着反复、回冲和起伏的过程。正如康奈尔所言，"男性气质是在特定时间和场合下形成的，并一直处于变化之中"③。

对派克而言，追求支配性男性气质的失败令他对以往的经历进行反思。随着年龄渐长，派克对年轻时盲目参加的冒险予以否定。"自那以后，我不止一次怀疑青春期阶段我与鲁尼、桑多和伊娃那些危及生命的狂欢作乐，是否仅仅

---

① Tim Winton, *Breath*, p. 228.
② R. W. Connell, *Masculinities*, p. 80.
③ Ibid., p. 185.

是对呼吸这一单调乏味行为的反抗。"① 同样，派克也对带领他们参加冒险游戏的桑多表达质疑。"可能桑多把我们引入这样的情景是一种不负责任的表现。在我们的身体尚处于发育阶段，我们太小不能安全地应对我们将要做的事，而且他事先并没有获得我们父母的同意。"② 桑多无视派克和鲁尼的个体差异带领他们冲浪，折射出父权意识形态对男性的身心摧残。广义上说，派克对桑多的批判性反思呼应了 20 世纪七八十年代兴起的男性运动。男性通过对女权主义者的主张，以及自身在社会及家庭地位变动的反思，"努力重新定义男性气质并理解他们在女权主义运动的位置"③。显然，派克对桑多的质疑契合了这一运动的宗旨，表达了新一代男性对父权遗产的困惑和否定。小说中，桑多作为父权的化身，在塑造派克身体、行为和人格的过程中并未给派克带来福利，反而不断将派克置于危险的境地，暗示出不仅女性遭到支配性男性气质男性的压迫，男性同样也是父权意识形态的受害者。

派克在伊娃怀孕后离开了她，回归他之前渴望逃离的平庸乏味的生活，但他对这种生活有了全新的认识，在跟即将回国的桑多聊到鲁尼的"不平凡"时，派克回应道"或许平凡也不是那么糟糕"④。派克对平凡生活的肯定，折射出他主体意识的觉醒，这种觉醒在伊娃和鲁尼的接连死亡中得以凸显。多年后，伊娃被发现裸体缢死于俄勒冈州波特兰的浴室门后，死因是由窒息导致的心搏骤停。鲁尼因为卷入贩毒的枪战中，死于墨西哥的一家酒吧。他们的死让派克意识到年轻时追求支配性男性气质的荒谬，让他更加坚定地肯定平凡生活的价值。"我不再是曾经的那种成功男士，而是温和忠诚的丈夫。我不再追求性爱的持久。我对色情的事物不再产生兴趣。我有意变得可靠平凡，就像实验室里的员工那样，对任何人都不具威胁。"⑤ 作者借派克对男性气质的反思，赋予了边缘性男性气质全新的意义，即男性的价值不应局限于同性的凝视式认同，

---

①   Tim Winton, *Breath*, p. 50.

②   Ibid., p. 106.

③   Stephenie Genz, Benjamin A. Brabon, *Postfeminism: Cultural Texts and Theories* (Edinburgh: Edinburgh University Press Ltd, 2009), p. 132.

④   Tim Winton, *Breath*, p. 244.

⑤   Ibid., 251.

还包括自我在所属关系中获得的肯定。就派克而言，他不仅是与鲁尼、桑多挑战冲浪的少年，还是父母眼中的儿子、妻子眼中的丈夫、女儿眼中的父亲，他是他所有社会关系的总和。对中年的派克而言，健康、平凡、稳定的生活，对所属关系本身就是个体价值的显现。派克在反思的过程中获得了顿悟——边缘即中心。

在主体意识的激发下，派克积极地投入到工作中，借此获得身份认同并实现自我价值。"我发现自己擅长并乐意做的事情，我成为一名急救护理员。当意外发生时，我会及时出现，人们也乐意看到我。"① 护理员在社会中具有多重符号意义，其外延指代一份平凡普通的工作，其内涵指代边缘性男性气质的社会价值。如果说，身为丈夫、父亲和儿子让派克意识到自己的家庭责任，那么护理员这份工作则让他体会到个体的社会担当，他不仅在工作中获得了他人的认同，更重要的是获得了自我肯定并建构起主体。"我做得很好。当警报响起时我会以最佳姿态出现。我会冲向那尚未闭合的双眼之前，它就像飓风的中心。"② 因为与母亲的脆弱关系及童年创伤的影响，派克的婚姻走向破裂，如今人过中年，经历生死离别，派克对生活的认识获得了美学和宗教意义上的升华。小说最后，派克独自去海边冲浪，在女儿看来，"她们或许不了解这个，但是对我而言，向她们展示出她们的父亲是个会跳舞的、救死扶伤男人很重要，但是他也做些完全没有意义的优美的事情，在这方面至少他应该不需要解释"③。批评家麦克雷登认为，童年时期冲浪对派克的影响是终生的，具体表现为"对美感、自我感的追求及对羞耻感的否定"④。从派克的成长和转变可见，男性气质随着一个人的成长、成熟发生着改变。在中年的派克心中，男性气质意味着确保自我安全基础上的担当和责任，以及人性中与生俱来的对生活的敏感、对美的细微察觉和对生命意义的崇高追求。

---

①   Tim Winton, *Breath*, p. 259.
②   Ibid., p. 262.
③   Ibid., p. 265.
④   Lyn McCredden, *The Fiction of Tim Winton: Earthed and Sacred*, p. 80.

六、结　语

与传统文学作品歌颂理性、勇敢、坚韧的男性气质基调不同,《呼吸》以"反英雄"人物为叙事主体,呈现出男性气质的去中心化过程,拆解了性角色理论中固化的男性形象。通过呈现派克在不同阶段的表现和变化,小说揭示出男性气质并非一成不变,而是随着时空转换经历着回冲、反复和矛盾的过程。从中不难发现,温顿对两性气质的逾越和含混叙事隐含着一种"中间"立场。一方面,他质疑父权意识形态的合法性,批判其对两性带来的身心伤害;另一方面,他也修正了传统女权主义对男性及男性气质的固化认识,指出男性气质并非铁板一块,而是存在内部差异。因而,对男性气质的考量不应局限于男女之间、男性同性之间,而应还原到历史化建构的具体语境中。此外,小说也启示读者警惕性别视角的局限性,避免陷入性别歧视和激进女权主义的惯性思维,正如温顿在采访中所言,"在人物塑造上,我是按照人的形象为参照的。因为我对作为个体的人感兴趣,而非意识形态的建构、可靠高雅的趣味以及肯定性的表现"[①]。温顿的立场与后女权主义的主张较为类似,即在尊重个体差异的基础上追求个性的自由。男女两性都应理解和尊重彼此的性别差异,从人性的角度去审视和反思个体的不同,以包容开放的心态去拥抱多元化世界,进而促进人与人之间的和谐与和解,推动人类文明不断向前发展。

---

① Salhia Ben-Messahel, "An Interview with Tim Winton", *Antipodes*, No. 6 (2012), p. 10.

自我中的他者

——重构《探险家沃斯》中澳大利亚民族身份

王雪峰[①]

摘要： 帕特里克·怀特的《探险家沃斯》（以下简称《沃斯》）以19世纪的澳大利亚为背景，基于莱卡特探险的故事，讲述了沃斯进入澳大利亚内陆的探险旅程，同时也生动地刻画了罗拉等一系列人物。沃斯强行同化罗拉、原住民与其土地，以及上帝等他者，导致符号自我被迫进行向上还原，从而产生身份危机，这正好象征了澳大利亚民族身份中不可调和的二元对立——男性与女性、人类与上帝，以及白人与原住民。怀特不仅将这些二元对立融入沃斯的身份中，使其成为澳大利亚民族身份的符号象征，还借助沃斯同化他者的失败经历颠覆传统权力结构，从而透露出怀特自己对澳大利亚未来的期许。

关键词：《沃斯》；符号自我；他者；身份；向上还原

一、导　言

早在1958年，马赛尔·奥鲁索（Marcel Aurousseau）就曾尝试通过探险家莱卡特的历史资料追溯沃斯的身份，并在文章末尾指出："怀特先生赋予了澳大利亚想象一个具有象征性人物的特性，并着力将该人物身上重要的英雄部分用

———————

① 王雪峰，北京外国语大学英语学院澳大利亚研究中心硕士研究生，研究方向为澳大利亚文学。感谢北京外国语大学英语学院澳大利亚研究中心主任、中国澳大利亚研究会秘书长李建军老师在论文写作过程中提供的指导与帮助，以及四川外国语大学文一茗教授对论文理论框架的启发与指导。

于了解澳大利亚的任务当中。"①之后又有如哈罗德·奥廖尔（Harold Orel）、J. A. 温赖特（J. A. Wainwright）等学者分别于 1972 年与 1993 年做过类似的研究②。在 2010 年，安格斯·尼科尔斯（Angus Nicholls）在伦敦大学举办的怀特会议上宣读了论文《再论莱卡特与〈沃斯〉》（*Leichhardt and Voss Revisited*），对沃斯的身份做了更为全面的溯源与分析③。他在 2013 年发表的论文进一步分析了莱卡特的日记对怀特创造沃斯这一小说人物的影响④。除了以小说人物的原型来分析沃斯的身份以外，国内外学者有结合作者生平资料，有借助尼采的超人理论或西方悲剧理论，有借用包括荣格在内的心理学，也有从宗教角度、人与自然的关系、人性与神性之间的矛盾、物质世界与精神世界之间的挣扎、反英雄等角度来分析沃斯的文本身份。⑤

沃斯深入内陆的探险可以被理解为是一次"人对自我重新认识"⑥的征途，而他者的存在，不管是对沃斯的身份，还是澳大利亚的民族身份，都有着重要的建构性作用。本文另辟蹊径，主要借鉴诺伯特·威利关于符号自我的理论，

---

① Marcel Aurousseau, "The Identity of Voss", *Meanjin*, No. 1, Autumn (1958), p. 87.

② Harold Orel, "Is Patrick White's Voss the Real Leichhardt of Australia?", *Costerus: Essays in English and American Language and Literature*, eds. J. Bakker, et al. (Dutch: Brill Rodopi, 1987), pp.109-119; J. A. Wainwright, "The Real Voss as Opposed to the Actual Leichhardt", *Antipodes*, No. 2, Summer (1993), pp. 139-141.

③ Angus Nicholls, "Leichhardt and *Voss* Revisited", *Patrick White Beyond the Grave*, eds. Ian Henderson and Anouk Lang (London and New York: Anthem Press, 2015), pp. 35-63.

④ Angus Nicholls, "The Young Leichhardt's Diaries in the Context of His Australian Cultural Legacy", *Memoirs of the Queensland Museum, Culture*, No. 2, Winter (2013), pp. 541-559.

⑤ 国外研究如：Shirley Paolini, "Desert Metaphors and Self-enlightenment in Patrick White's *Voss*", *Antipodes*, No. 2, Winter (1990), pp. 87-91; Noel Macainsh, "Voss and His Communications: A Structural Contrast", *Australian Literary Studies*, No. 4, Spring (1982), pp. 437-447; A. M. McCulloch, "Patrick White's Novels and Nietzsche", *Australian Literary Studies*, No. 3, Autumn (1980), pp. 309-320; Guy Davidson, "Displaying the Monster: Patrick White, Sexuality, Celebrity", *Australian Literary Studies*, No.1, Autumn (2010), pp. 1-18 等；国内研究如：吴宝康：《神性的幻灭和人性的冲突——〈沃斯〉的悲剧意义初探》，《外国文学评论》2004 年第 3 期，第 109—115 页；黎娴，杨永春：《论〈探险家沃斯〉中沃斯受难的"反英雄形象"》，《安徽文学（下半月）》2013 年第 3 期，第 36—37 页等。

⑥ 倪卫红：《走出生命的局限——评帕特里克·怀特的〈探险家沃斯〉》，《外国文学》1992 年第 4 期，第 17 页。

从自我中的他者出发，分析沃斯的文本身份，并以此为切入点，分析澳大利亚的民族身份。本篇论文最终表明，怀特不仅将这些二元对立融入沃斯的身份中，使其成为澳大利亚民族身份的符号象征，还借助沃斯同化他者的失败经历颠覆以往将女性与原住民边缘化的叙事传统，将他者置于文本中心，重构出呈现他者强大存在的澳大利亚民族身份。尽管该小说似乎不可避免地带有"欧洲中心主义"的残余，但怀特版的澳大利亚民族身份仍然超越传统民族身份中的二元对立所体现的权力结构，这是怀特自己对澳大利亚未来的期许。

二、《沃斯》中的自我，他者与身份

威利相信，存在一种普世人性①，即自我，也可称之为自反性的自我（the reflexive self），或者符号自我（the semiotic self）。自我是类属的（generic），而身份是个体的（particular）。自我相对于身份而言更加稳定，是一个人际构成与社会构成，即自我必须在与他者、与社会的符号交流中确定自身。正因为自我容纳多个具体身份，才可以进行普遍讨论。

他者在塑造自我中有着不可忽略的作用，每一个主体的确定都必须放置在与他者的关系网络中，即"没有任何主体（即使是他者）能够独立于他者而存在"②。小说中，沃斯进行互动的他者主要分为罗拉代表的女性他者（及相对于原住民而言的欧洲移民他者），杰基代表的原住民他者，以及上帝他者。

身份在本篇论文中被分为个人身份与民族身份。安东尼·吉登斯（Anthony Giddens）指出，个人身份"在词源学角度讲，身份即同一，可以用于指称人的类属本性，人们通常以一种更为具体的方式使用身份的观念"③。民族身份与个人身份紧密相连，它是个人对其国家或民族的认同或归属。④怀特曾说：

---

① 诺伯特·威利：《符号自我》，文一茗译，四川教育出版社，2010，第1页。

② 丹·扎哈维：《胡塞尔现象学》，李忠伟译，上海译文出版社，2007，第122页。

③ 诺伯特·威利：《符号自我》，第1—2页。

④ Richard Ashmore, Lee Jussim and David Wilder, *Social Identity, Intergroup Conflict, and Conflict Reduction* (New York: Oxford University Press, 2001), p. 75.

"直到有足够的个体找寻到自己的身份，澳大利亚才会获得自己的民族身份。"①
虽然怀特的小说主要专注于刻画人物的个人身份，但是他同样关注澳大利亚的
民族性，并试图将这民族性融入小说人物中。在该小说中，怀特便通过沃斯的
个人身份构想出独特的关于澳大利亚民族身份的美好愿景。

同时，威利综合皮尔斯与米德的理论，将自我理解为符号，一个具有自反
性、社会性及对话性的动态三分结构："主我（I）– 客我（me）– 你（you）"，
分别对应符号学视阈下的"符号（sign）– 客体（object）– 解释项（interpretant）"，
在时间上分别表示当下、过去与未来。作为符号的自我是"永远处于一个自我
阐释（self–interpretation）的进程之中，当下自我（the presentself）向未来自我
（the futureself）阐释着过去的自我（the pastself）"。②自我在与他者的互动
中，将会向上还原到互动、社会组织和文化层面，也会向下还原至人类本能和
欲望的物理化学或生物层面。小说中，沃斯强行同化他者，符号自我则被迫进
行向上还原，导致一些外在的、他者的、不合时宜的属性被强加给了自我，自
我代表的身份便面临危机，造成弗洛伊德所说的"暗恐 / 非家幻觉"（uncanny /
unheimlich）——"熟悉的与不熟悉的并列、非家与家相关联的这种二律背反"③。
简·M. 雅各布斯（Jane M. Jacobs）等也借鉴该术语讨论澳大利亚的民族身份：
在场的同时又不在场，熟悉的同时又不熟悉，自我似乎永远处于他者的状态。④

三、自我中的女性他者

怀特在他的很多作品里面都赋予了人物以"两性特征"，《沃斯》也不例
外。怀特自己也借用荣格的心理学术语将罗拉比作沃斯的"anima"⑤（阿尼玛，
即男性人格中的女性倾向）。小说讲述了沃斯与罗拉的爱情故事，但是他们的

① Patrick White, *Patrick White Speaks* (Sydney: Primavera Press, 1989), p. 114.
② 诺伯特·威利：《符号自我》，第 16 页。
③ 童明：《暗恐 / 非家幻觉》，《外国文学》2011 年第 4 期，第 106 页。
④ Jane M. Jacobs and Ken Gelder, *Uncanny Australia: Sacredness and Identity in a Postcolonial Nation* (Melbourne: Melbourne University Press, 1994), p. 23.
⑤ Patrick White, *Flaws in the Glass* (Ringwood: Penguin Books Australia, 1983), p. 103.

爱情却超越了一般意义上的两性爱情关系。沃斯与罗拉通过写信来维系爱情，且只能在梦境中进行交流融合，这是纯粹的柏拉图式的恋爱。本节讨论作为沃斯自我中女性他者的罗拉，并试图说明罗拉在这一场不寻常且不平衡的恋爱关系中被赋予强大力量，成功"去边缘化"。

　　小说中，罗拉一直以精神体的形式出现在沃斯的梦里，造成了一种"不在场"的"在场"，伊丽莎白·韦伯（Elizabeth Webby）将其称为"罗拉的精神旅行"[①]。沃斯在旅途中也经常想象与罗拉在精神与肉体上的融合，并把这块广袤的土地当作容纳他情感与欲望的房屋："罗拉，我独自坐在这个无边无际的原野里，终于感觉到我们的相爱是必然的、适当的。没有一座普通的房屋可以容纳得下我的感情，但这个巨大的天地，却永远使人滋长更多的渴望。"[②]罗拉则被刻画成沃斯的"旅行同伴"，更成了他的精神向导。沃斯在旅途中的内心独白，实质上是与罗拉的"对话"，即罗拉已成为沃斯内化的重要部分，成为他重要的感知。沃斯竭力同化罗拉的同时，也在抛弃代表男性身份的"过去我"，即符号自我中的"客我"，而无限接近代表女性身份的"未来我"，即"你"，也就是"解释项"。"当下我"也就被赋予了两性特征，在"过去我"与"未来我"之间不断被重新阐释。在面对原住民男孩杰基解释这些"风筝似的画像"时，沃斯内心中的罗拉便给予他启发：

　　　　为什么不能总是这样呢？他惊讶地问永远锁在他心里的那个女人，而她就通过她的梦幻般的长发来回答他。她启发他说：我们认识的那些人的灵魂也许和他们的话一样，不能和我们沟通了。如果你们绕进绑着他们的绳子里，这是安排好你们去把绳子剪断，为的是解放了的灵魂把希望的信息带到波希米亚、摩拉维亚和沙索尼去，如果雨没有把它抹掉的话。假如发生了那样的情况，那么发现者就只好满足

---

　　① Elizabeth Webby ed., *The Cambridge Companion to Australian Literature* (Cambridge: Cambridge University Press, 2000), p. 53.

　　② 帕特里克·怀特：《探险家沃斯》，刘寿康、胡文仲译，译林出版社，2000，第227页（以后引用时，在正文中随文标注页码）。

于猜测了。（第 290 页）

这里看似是沃斯的内心独白，实则呈现的是沃斯与罗拉之间不平等的"对话"。沃斯作为一位谦卑的咨询者，向作为其精神向导的罗拉发出疑惑，而罗拉则成了知晓这一答案的人，给予了他以启发，解决了他内心的困惑。沃斯将罗拉"锁"在了心里，并被赋予了"两性特征"，自我便在试图同化这一女性他者的过程中被迫进行向上还原。沃斯通过与罗拉的"移情换位"，将自我移到了他者的位置，即移到了与女性他者罗拉一致性的基础之上来反观自我自反性的盲点，使自我变成了"他人的自我"[1]，以至于沃斯最后"必须接受自我中与罗拉一致的女性冲动——温柔、谦逊，以及接受与给予爱的冲动"[2]。但是，当他者过于强大时，自我极度地向上还原，一味追求那个理想的"未来我"，将会打破符号自我内部三分结构的动态平衡，自我主体性也将难以建立。当沃斯越发深入澳大利亚内陆，变得越发虚弱时，罗拉作为女性他者的存在便越发强大，以至于沃斯的真实自我被无限挤压。当面对着罗拉的强大存在时，沃斯身上成年男性的特征被逐渐削弱，甚至退化成了小孩：

　　夜间她来过一次，把他的头抱在怀里，尽管他呼喊：罗拉，罗拉。但他没有看她。
　　一位母亲把在梦中的孩子的头抱在怀里，但她自己却不能进入梦中；梦只能是孩子的，并且会一再发生。
　　罗拉在这个人的梦里实在无能为力。（第 313 页）

在这场梦里，以前女性依附男性的权力秩序被完全颠覆，相反，男性作为一个无力的孩子完全依附于强大的母亲。苏·科索（Sue Kossew）认为："澳大

---

　　① 赵毅衡：《身份与文本身份，自我与符号自我》，《外国文学评论》2010 年第 2 期，第 17 页。
　　② Carolyn Bliss, *Patrick White's Fiction: The Paradox of Fortunate Failure* (New York: St. Martin's Press, 1986), p. 63.

利亚白人女性定居者的身份通常陷于民族主义下的男性话语与充满同情与妥协的母亲角色之间。"① 历来澳大利亚民族身份中这种难以调和的"男强女弱"二元对立关系正如沃斯向上还原的自我所体现的危机一样：沃斯极力同化罗拉，最终她却"无法进入梦中"，无法成功内化为自我的一部分，并且沃斯通过将自我向上还原到与女性他者罗拉一致的层面，反观到了自我男性气质中的傲慢与自大，符号自我代表的男性身份便产生危机。相反，沃斯梦里的罗拉的母亲形象脱离了其传统的意义，这位母亲不依附任何男性，没有妥协自己的主体性，她还被男性所依附，并作为沃斯的精神向导为他指点迷津，给予希望："如果可能的话，他就会走到她那边去，但这不可能，他的身体疲惫已极。相反，她走到他这边来了，立刻他就沐浴在光明和记忆中了。"（第 406 页）小说最后，罗拉更是被拉向了文本中心，满怀信心地讨论澳大利亚的未来，这也成就了怀特自己对这个国家未来的想象。如果民族是一个想象的共同体，那么这个想象是明显带有性别意识的。②《沃斯》中的民族想象则打破了以前女性从属于男性的刻板印象，并以罗拉的口吻来展望出一个呈现女性强大力量的澳大利亚民族身份的远大图景。

四、自我中的原住民他者

澳大利亚文学的一个显著特点便是通过原住民他者来寻找关于自我的定义，澳大利亚的白人作者对于原住民的刻画通常是"负面的，有时呈现的是令人困扰或使人不安的形象"③。《沃斯》中的原住民形象也被描述为"一个警惕的、不友善的群体，他们监视着白人的逐步衰弱，并在适当的时候进行干预"④。

---

① Sue Kossew, *Writing Woman, Writing Place: Contemporary Australian and South African Fiction* (London and New York: Routledge, 2004), p. 1.

② Ania Loomba, *Colonialism/Postcolonialism* (London and New York: Routledge, 3rd ed, 2015), p. 208.

③ Graham Huggan, *Australian Literature: Postcolonialism, Racism, Transnationalism* (Oxford: Oxford University Press, 2007), p. 25.

④ Cynthia vanden Driesen, *Writing the Nation: Patrick White and the Indigene* (New York: Amsterdam, 2009), p. 34.

小说中，沃斯在深入澳大利亚内陆的过程中所面临的原住民威胁越强大，他作为白人"殖民者"的力量便越衰弱，并最终妥协白人身份，成为"白人原住民"。本节将通过沃斯在探险中自我向上还原后主体性的逐渐丧失，最终拥有一种"间性身份"，颠覆传统"白黑"权力结构，从而将原住民他者文本中心化。

　　小说开始，沃斯便被描述成一个"外国人"。众所周知，澳大利亚正式成为联邦国家是在 1901 年，而小说故事的背景是设在 19 世纪。不同于小说中对土地有着强烈归属感的原住民，白人移民即将面临的却是旧殖民地的废除与新国家的成立所带来的未知与害怕，从罗拉的口吻中我们可以看到这种暗恐 / 非家幻觉："她对这个国家还有些害怕，因为她没有别的祖国，只好认它为祖国。但这种恐惧心理和某些梦一样，是她永远也不肯承认的。"（第 5 页）沃斯便是这些还没有坚定祖国认同的人眼中的外国人，其形象可以被理解为：一、被 19 世纪澳大利亚狭隘的地方主义所困扰的欧洲外来人[①]；二、第一批登陆这块"无主之地"的欧洲殖民者。两种解读都把沃斯沦为试图在这块陌生的土地上建立自我主体性的他者。沃斯似乎有着"早期创业者不畏艰难，勇往直前的开拓精神"[②]，并且认为他可以征服一切，但是事实却不是如此。沃斯从澳大利亚繁华的沿海地区深入内陆，是从有知走向未知，或者借助对这场旅途普遍的心理学解读来说，是从意识层深入无意识层[③]。正如人类无法掌握心理的无意识层一样，沃斯在面对未知的澳大利亚内陆，以及与内陆的自然环境合二为一的原住民时，任何试图征服它或他们的行为都将以失败告终。小说中，当沃斯试图以一位君主的同情心将这些黑人臣民纳入麾下时，他们却无法进行沟通，最终以原住民逃走结束：

　　　　沃斯策马过去，心里存着一个信念：他必须直接和这个黑人交谈（these black subjects），最后用胜过语言的同情来征服（rule）他们。他那平静的心深信那支歌的含义会弄清楚的，并且可以提供所有

---

① Angus Nicholls, "Leichhardt and *Voss* Revisited", p. 50.
② 黄源深：《澳大利亚文学史》，上海外语教育出版社，1997，第 311 页。
③ 同上，第 311 页。

进一步商谈的钥匙。

　　可是黑人们全跑了，在那小块灌木丛中留下一股体臭。（第353页）

　　尽管沃斯被认为是"与这片陌生土地和原住民建立起亲密关系的欧洲人侵者之一"[①]，但是他永远不可能真正得到原住民的信任。沃斯始终试图扮演一个白人与原住民共同的神明，不仅领导着白人，还竭力同化这块土地与原住民，但是都徒劳无功。此时，沃斯的自我便被迫向上还原到"集体再现的视阈之中"[②]，越发接近自我的神性层面，竭力成为一个理想中的完美形象，以至于自我的人性层面被无限妥协，真实的自我便不复存在，从而失去自主性，受控于他者，尤其是原住民他者。这从沃斯与原住民男孩杰基的不平等对话中便可见一斑——杰基向对原住民文化一概不知的沃斯讲述巨蛇的神话。这一对话彻底将沃斯作为白人殖民者的语言与文化优势拉下神坛，迫使沃斯变成了"白人原住民"：

　　　　沃斯对那土著人说："你们想要白人把黑人从巨蛇那里救出来（You want for white man save blackfellow from this snake）？"他还在笑，他是那么轻松。

　　　　"蛇，魔法很大，沃斯先生没有用（Snake too much magic, no good of Mr. Voss）。"杰基答道。（第401—402页）

　　杰基是一个自由的灵魂，他虽然是被归化的原住民之一，但是却没有真正被白人所控制。相反，正是杰基的存在让沃斯自我的主体性受到严重威胁。其一，如以上选文所示，在沃斯与杰基的对话中，沃斯的语言系统受到破坏，以至于他暂时忘却了正确的语法结构，并在不经意之间说出了原住民英语，即象征白人身份的"过去我"被妥协，并被迫屈从了象征原住民的"未来我"，

---

① Cynthia vanden Driesen, *Writing the Nation: Patrick White and the Indigene*, p. 30.
② 文一著：《身份：自我的符号化》，《山东社会科学》2017年第8期，第64页。

符号自我便在与杰基等原住民的互动中向上还原为"主体间性的自我"①，"当下我"代表的身份便因此游弋于白人与原住民这两种相互矛盾的文化之间，变成了一种"间性身份"；其二，这段对话展示的原住民关于巨蛇的文化使得沃斯所代表的欧洲殖民者文化相形见绌，变得毫不重要，相反，一句"蛇，魔法很大，沃斯先生没有用"让读者感受到了原住民文化的强大压迫，并迫使沃斯直面象征着白人殖民者的"过去我"的无知。杰基的强大力量在他杀死沃斯时达到顶峰。沃斯身上白人殖民者的力量在这个时候被消耗殆尽。至此，传统"白黑"权力结构被彻底颠覆，欧洲殖民者成功征服这块土地的神话也在文本中受到了挑战。

传统的澳大利亚民族身份的建立是通过排斥一些非己种族，尤其是原住民。② 但是在《沃斯》中，原住民他者被拉向文本中心，通过沃斯代表的欧洲殖民者的死亡成功"改写"了历史。亨利·雷诺兹（Henry Reynolds）曾将澳大利亚文学中对于原住民形象的呈现分为两大类：一类是危险并突出其蛮横的形象，另一类是忠诚的仆人形象。③ 值得注意的是，《沃斯》中的原住民形象虽然危险野蛮，但是怀特将笔触更多地投向了他们的团结；虽然忠诚，但是却不受白人的控制——杰基作为原住民在白人中的传话人，用沃斯赠予他的刀捅向了沃斯，最终"破除一直无情地把他和白人拴在一起的魔法"（第419页）。小说中的原住民才似乎有着能够把他们紧紧系在一起的魔法，他们形成强大的"原住民帝国"，将大英帝国的最后一丝余晖给抹除掉，从而颠覆以往的殖民叙事模式。

五、自我中的上帝他者

沃斯在小说中的形象被描述为"不尊重上帝，因为他不像你"（第48页）。卡罗琳·布利斯（Carolyn Bliss）也曾评价"沃斯除了他自己以外不认同任何

---

① 文一茗：《身份：自我的符号化》，第64页。
② Ania Loomba, *Colonialism/Postcolonialism*, p. 127.
③ Cynthia vanden Driesen, *Writing the Nation: Patrick White and the Indigene*, p. 32.

神灵"。[①]但正如前文所分析，沃斯在与他者的互动中无意识地自我认同为上帝，即沃斯是"通过将自我无限化来填充自反性盲点，将主体客体混合起来，像黑格尔那样将之组成为一个上帝"[②]。本节通过沃斯一个象征上帝的身份转换，指出尽管文本表面上展示的是白人与原住民共同颂扬作为英雄的沃斯，但是深层却是作者下意识透露的欧洲中心主义思想。

在沃斯深入澳大利亚内陆的旅途中，他试图像上帝一样"理解一切人的需要，甚至石头心灵的需要"。（第 200 页）沃斯与他者不对等的互动也将自我被迫向上还原到（上帝）文化层面。可以说，沃斯是一个不是上帝而近似上帝的人。[③]然而，尽管沃斯始终试图变成上帝，但是却无法成功，因为小说中呈现的沃斯总是处在神与人之间（他者与自我之间）的暗恐状态，总是想争取完美，却无法克服人类的缺陷。以罗拉、嘉德与赫普顿上校的对话为例：

> "你看，假如你在一个地方生活和受苦的时间很长，你就不能完全脱离开了。你的灵魂还在那里。"
>
> "实际上，像个上帝。"赫普顿上校说，接着又大笑起来，表示他的怀疑。
>
> 嘉德的目光从远处收回来，转而向上看。
>
> "沃斯？不，他从来都不是上帝，尽管他乐于认为他是。有时，他忘记的时候，他就是人。" （第 473 页）

自我的向上还原使得沃斯丢弃了正常人类所应拥有的感情与人际关系。沃斯坚信自己可以征服这块大地及其人民，从而展现出"僧侣特性"。心理学家大卫·阿索马宁（David Asomaning）曾这样评价沃斯的身份："在沃斯极力理解自我的最大限度与自身力量在世界上的定位时，他设法用意志力迫使自己变成上帝，迫使自己否认上帝，最终用尽力气迫使自己成为一个人，一个带有女

---

① Carolyn Bliss, *Patrick White's Fiction: The Paradox of Fortunate Failure*, p. 62.
② 诺伯特·威利：《符号自我》，第 110 页。
③ 黄源深：《澳大利亚文学史》，第 312 页。

性气质的男人，甚至是一个在上帝之前的人（a man before God）。"①什么是"在上帝之前的人"呢？我们可以从《圣经》中寻求答案——在创世纪 17:1 中，耶和华对亚伯兰说："你当在我面前作完全人（…walk before Me and be thou perfect）。"阿索马宁并不是指沃斯变成了一个真正意义上的"完人"。当沃斯完成对自己生命的探寻，成为人人称颂的民族英雄时，他便成了一个符号象征。因探险队除了嘉德之外无人生还，而嘉德又被认为是一个年迈的"可怜的疯子"（第 474 页），所以嘉德的记忆与讲述都是不可靠的，以至于没有人知道沃斯真正经历了什么。从这个意义上我们可以把沃斯理解为一个空符号，没有能指，所指也就无从谈起。罗拉则充当起这个符号意义的填充者，将沃斯的身份趋近完美化：一、她从沃斯的死亡中，得到启发，同时也暗指沃斯，将其身份悄然上升到神的地位："有些人会学会理解那些不太会表达自己的物质形式中所包含的意思，这些物质有石块、木头、金属和水。"（第 476 页）二、将沃斯的事迹融入民族想象中，使其参与澳大利亚民族身份的建构：

> "我想起来了，我一直想问你这件事。我们怎么称呼他呢——这个人们熟悉的鬼魂，他的名字如今已经家喻户晓，那个死去的德国人。"
>
> "沃斯没有死。"特雷维延小姐答道，"据说他还在那里，在旷野上，而永远会在那里。他的传说最终会被那些心里不安的人写下来。"
>
> （第 479 页）

沃斯不仅对于移民者而言是一个传说，对于原住民而言同样也是如此："黑人直到今天还在谈论他。他还在那里——这是他们很多人的诚实的看法。他在原野上，而且永远在那里。"（第 473 页）小说展现的澳大利亚未来仍然是由有着国家认同危机的欧洲移民来叙述。正如西蒙·杜林（Simon During）指出，怀特的作品"一方面倡导一种后殖民的种族关系，另一方面却跳不出时代

---

① David Asomaning, "Jung and the Outside World by Barry Ulanov", *Journal of Religious and Health*, No. 1, Spring (1995), p. 79.

的偏见……但这种欧洲中心主义的意义建构掩盖了殖民过程中殖民者（对原住民）犯下的罪孽"①。尽管怀特在文本中对于原住民形象的呈现比以往作品更加正面，其所蕴含的力量也更为强大，但他还是摆脱不了一个欧洲移民者对这个新国家的"白澳想象"，从而导致原住民在澳大利亚民族身份建构的缺失。

六、结　论

马克·威廉斯（Mark Williams）曾这样评论该作品："《沃斯》看起来是两部完全不同的小说，被作者不安地放置在一起。"②其中一部以现实主义的手法描写博纳一家白手起家成为新贵，之后又分别以贝拉与罗拉为视角而展现的家族兴衰的故事；另一部以寓言式的语言描写沃斯等人进入澳大利亚内陆探险，从而面临身份危机的故事。文本表面上是描述沃斯的探险故事，深层则是在书写澳大利亚民族的身份危机与对其的苦苦追寻，并展望它充满希望的未来。

本文通过沃斯的个人身份分析了澳大利亚的民族身份：一、沃斯，以及小说中所呈现的主要人物都有一种"暗恐/非家幻觉"，这正好对应作为英属殖民地的澳大利亚民族身份的两难状态；二、沃斯强行同化罗拉、原住民，以及上帝等他者失败，符号自我被迫向上还原，其所代表身份面临危机，这正好象征着传统澳大利亚民族身份中男性与女性，以及白人与原住民之间不可调和的二元对立；三、同时，怀特通过沃斯的身份危机颠覆了传统二元对立的秩序，女性与原住民被拉往文本中心，从而呈现出怀特自己对于澳大利亚民族身份的独特愿景。这一切都说明，怀特在创作《沃斯》时，尽管汲取了关于莱卡特历史材料的大量养分，但却超越了历史事实，正如怀特所言："我认为历史重构过于局限，所以我没有忠于事实的原貌。"③虽然小说不可避免地带有欧洲中心主义的残余，但是怀特所展望的民族身份仍然超越了狭隘的

---

① 　王腊宝：《澳大利亚文学批评史》，中国社会科学出版社，2016，第395—396页。
② 　Mark Williams, *Patrick White* (New York: St. Martin's Press, 1993), p. 60.
③ 　David Marr, *Patrick White: A Life* (Sydney: Vintage, 2008), p. 542.

民族主义与男性中心主义。而对于原住民问题，怀特给的答卷却被草率收尾。原住民的存在对于澳大利亚民族身份的构建，或许正如文中罗拉所说："空气会给答案的。"（第 479 页）

从对抗到重塑的流变

——解读《奥菲斯悲曲》中的记忆政治

沈慕蓉 ①　　朱蕴轶 ②

摘要：《奥菲斯悲曲》将古希腊神话重置于"后9·11"创伤时代，书写了一部暴力阴影下的爱情故事，体现了作者霍斯皮特尔对恐怖主义及以暴制暴等政治问题的深思。小说借三重记忆机制的描写刻画了集体记忆造成的群体恐慌和信任危机、后记忆引发的身份迷失及记忆"修正"风险、文化记忆折射的惯性思维与治愈模式，不仅展现了恐袭、战争等阴影下主体的创伤记忆展演和修复途径，也表达了对屠杀行径的批判、对以暴制暴的质疑，以及对建立一个和平正义的世界的期盼。但同时，小说偏重施暴者的赎罪历程，而淡化其造成的惨痛后果，在一定程度上也折射出了作者潜在的西式立场。

关键词：《奥菲斯悲曲》；集体记忆；后记忆；文化记忆；记忆政治

一、引　言

"9·11"事件后，与之相关的文学作品应运而生，其聚焦一些大型的创伤历史事件带给个人和群体的创伤记忆与修复历程，以虚构摹写真实，展现意识形态之间的对抗及自我身份认同的重塑，具有强烈的人道精神和反思意义。其中，当代多元作家珍妮特·特纳·霍斯皮特尔（Janette Turner Hospital）的《奥菲斯悲曲》（*Orpheus Lost*）便是一部代表之作。小说标题来源于希腊神话"奥

---

① 沈慕蓉，安徽大学外语学院 2020 级硕士研究生，研究方向为澳大利亚文学。
② 朱蕴轶，安徽大学外语学院副教授，安徽大学大洋洲研究中心成员，研究方向为澳大利亚文学。本文系安徽大学 2022 校级科研项目"为超越边界：珍妮特·特纳·霍斯皮特尔小说研究（2021T008）"成果。

菲斯与尤莉迪斯"（Orpheus and Eurydice）。音乐之神奥菲斯为拯救亡妻尤莉迪斯，只身跨越冥河来到地府。冥王被奥菲斯的决心和音乐打动，同意让尤莉迪斯重返人间，但条件是奥菲斯在穿越冥界重返人间之前不能回头看妻子的脸。然而就在奥菲斯即将离开冥界时，他按捺不住内心的激动，欲转身拥抱自己的爱妻，但此时，尤莉迪斯幻化消失，她的灵魂被带往冥界，徒留悲痛欲绝的奥菲斯，二人再度阴阳两隔。《奥菲斯悲曲》中，霍斯皮特尔将这个神话故事重置于现代语境之下，讲述了精通数学的女主角丽拉（Leela）与澳大利亚音乐天才米斯卡（Mishka）在恐怖袭击频发和暴力反恐阴影下的爱情故事。对于这本小说，谢丽尔·乔根森（Cheryl Jorgensen）评价其为"惊悚文学"[①]；彼得·克雷文（Peter Craven）揭示小说"具有'真实'寓言的严肃性"[②]；芭芭拉·阿里斯蒂（Bárbara Arizti）认为霍斯皮特尔关注"恐怖主义和反恐之间的相互联系，以及利用恐怖手段打击恐怖主义的不道德与荒谬性"[③]。毫无疑问，小说具有政治意义。霍斯皮特尔在采访中强调，"我对政治非常感兴趣……当我写《奥菲斯悲曲》的时候，文中充斥着爆炸和恐怖主义的风险，但同时，对我来说具有巨大政治重要性的是他方可怖的过度反应"[④]。而文本中的政治性不仅对应小说的反暴主旨，也揭示了作者潜在的"西式"立场，其借由记忆介质来呈现。

　　记忆作为一种非具象的心理认知，具有抽象性、潜伏性和传递性等特质，这表现为记忆既能够横向迁移扩展为集体记忆，又可以于个体和代际中纵向承袭，投射形成后记忆。当记忆进行了横纵型的多向传递后，便会产生一种独特的文化记忆，继而影响新背景下主体的意识形态。因此这些记忆在产生、传递和记录的过程中无一不对个体、群体乃至国家的身份建构、认同塑造意义深远。在《奥菲斯悲曲》中，记忆是作者阐释自己写作意图和潜意识流露自我书写倾向的典型媒介。通过多重记忆机制，小说巧妙地串联了个人与群体、过去和现

① Cheryl Jorgensen, "Interview with Janette Turner Hospital", *Hecate* 36, no.1 (2010), p. 191.

② Peter Craven, "Beauty in Terror: Janette Turner Hospital's Orpheus Lost," *Critique* 48, no.4 (2007), p.356.

③ Bárbara Arizti, "Working through Trauma in a Time of Terror in Janette Turner Hospital's Orpheus Lost", *Wasafiri* 30, no.1(2015), p.62.

④ Cheryl Jorgensen, "Interview with Janette Turner Hospital", *Hecate* 36, p.189.

在，在展现暴力阴影下主体的创伤记忆展演及延宕、应对措施和修复历程的同时，表达了对以暴制暴的质疑和对屠杀行径的批判。但是，尽管霍斯皮特尔谴责过激反恐手段引发的国家恐怖主义，但她始终站在西方的立场，偏重施暴者的自我救赎，而淡化其造成的惨痛后果。本文将从记忆视角切入，以集体记忆、后记忆与文化记忆来阐释表层次上文本展现出的反恐反暴思想，以及深层次上作者无意识暴露的潜在立场，解读小说的记忆政治。

二、个人记忆与集体记忆

记忆属于个人，是不可避免的人类体验，具有形成身份认知的历时性功能，它在个体层面上使得主体保持自我；且记忆也可以属于集体，社会的建构、民族的身份认同和国家的文化等，均为集体的描述和共识。当发生大型创伤事件时，它给个人带来不可磨灭的阴影，也诱发了集体记忆的形成。"9·11"事件后，由无数经历者和见证者的个人记忆形成了集体的创伤记忆。一方面这道难以愈合的伤疤给整个社会蒙上荫翳，但另一方面又成为构筑自我身份的因素和众人产生共鸣的连接点。而作为一本设定在"后9·11"的小说，《奥菲斯悲曲》除了与"9·11"事件有着千丝万缕的关系，还在时事背景上参考了2004年发生的西班牙马德里"3·11"列车爆炸案，以及同年被曝光的阿布格莱布监狱虐囚丑闻。可以说，小说不仅聚焦人物在集体记忆背景下产生的个人经历，也关注个体记忆组成共同记忆的反作用历程。

故事首先以女主角丽拉的个人记忆切入，采用回忆视角顺叙。丽拉在地铁站与正在演奏音乐的米斯卡结识，二人很快坠入爱河。然而，暴力事件比比皆是：

> 可怕的新闻从街上吹进一股不愉快的气氛——战争、恐怖分子、自杀炸弹客、在美国各城市随机而做的屠杀事件。①

---

① 珍妮特·特纳·霍斯皮特尔：《奥菲斯悲曲》，刘震宇译，商周出版社，2011，第20页。

　　恐怖袭击频繁发生，似乎有愈演愈烈的趋势，不仅勾起了集体本已淡去的梦魇回忆，也不断加剧新一轮的创伤记忆的形成。起初在公众惶惶不安之时，丽拉和米斯卡埋首热恋，并未受外界干扰。但是随即发生的恐怖事件迅速让二人陷入危机之中：先是波士顿保德信大楼发生爆炸案造成大量伤亡，伴随而来的是爱人米斯卡的一次又一次的失踪，而数星期后红线的公园街站与哈佛广场站间的地铁内再次爆发更为惨烈的炸弹袭击，之后丽拉被强行扣押，米斯卡也不告而别，彻底销声匿迹。

　　频发的爆炸袭击案带来了双重危害，一是外在生理上的伤害与损失，二为内在心理上的恐慌记忆。相较于前者，后者所产生的影响更为深远。暴力恐怖袭击无端卷入本游离于事件之外的无辜群众，丽拉即实时背景下的一个普通缩影，炼狱般的景象所造成的冲击属于其个人记忆，也毫无疑问是社会记忆的组成部分。这些共同的创伤经历在无形之中塑造着集体记忆，使得民众人人自危，整个社会都笼罩在危机氛围中，陷入了往复循环的集体恐慌。受害者在文中痛诉：

　　　　这些事还会继续发生……没有一个地方是安全的。①

　　在此类事件得不到制止的情况下，大量创伤记忆充斥在集体记忆之中，整个社会便会弥漫着一种消沉心态。在案发地附近的小吃店内，人们已经像谈论公路车祸那样来讨论着恐怖的爆炸袭击中的伤亡人数及尸块分布。大众逐渐形成麻木心理，对此类事件习以为常。并且，随着记忆的传导，经历者的集体创伤能够通过讲述、报道等方式被更多的第三方纳入，而凝聚起来的集体记忆从某种意义上也是群体获得同感的标记之一，激发出阴影下的身份共识，即我们生活在一个没有安全感的时代。人们不禁质疑自己生活的地方是否安全，每天接触的人群是否危险，政府的安保是否有效。如此一来，便有可能引发信仰的犹疑与崩塌。这也是霍斯皮特尔在批判恐怖活动造成死伤的同时，想要对其后

---

　　①　珍妮特·特纳·霍斯皮特尔：《奥菲斯悲曲》，第33页。

遗症表达的担忧——肆意蔓延的信任危机。

除政治秩序遭受外部条件威胁之外，文本还运用大量笔墨刻画内部执行反恐行动和权力的行使过程。为淡化此类惨恻的集体记忆，与恐怖主义相对应的是更加严苛的安全措施。第二次爆炸案发生后，丽拉在无人的街道被持枪人员强行带走，后单独监禁于密闭阴暗的秘密审讯室内。而拘押丽拉的正是她的童年好友寇比（Cobb）。这里，霍斯皮特尔引入了更多的集体创伤事件，包括国家战争与中东"圣战"。寇比原是一位参与阿富汗与伊拉克战争的士兵，后退伍服务于美国国家情报部门。文中寇比可以被看作国家权力行使机构的象征符号，从他的视角来看，自己曾经参加的战争，抑或是现在因反恐行动而实施的囚禁监视，都出自维护国家安全的目的。寇比认真看待自己的工作并坚信：

> 任何一个该被拘留在这个房间里的人，都有充分的原因……因为个人的疏忽或错误而影响到国家安全的后果。这种后果是很严重的。①

寇比的话表明对丽拉的非法扣押并非首次，这一系列行为早已是司空见惯的模式。不仅如此，受审讯的"疑犯"无论愿意与否都再无隐私可言。经调查和审问，这些人历经数代的亲缘关系、陈年旧事及日常隐秘都会被毫不留情地挖掘，准确快速地暴露在他人面前。面对茫然的丽拉，寇比揭露米斯卡其实拥有犹太人和阿拉伯人的混血血统，他的父亲是黎巴嫩阿布奇家族的后裔、圣战军队的首领。而米斯卡本人曾与激进的自杀炸弹客有过来往，因此寇比非法监禁米斯卡的爱人丽拉进行审问。但丽拉对此一无所知。《奥菲斯悲曲》里，照片是一个重要的记忆载体，不仅可以定格和保存记忆，还能够用于传播记忆。莫里斯·哈尔布瓦奇（Maurice Halbwachs）认为，"集体为个体提供了一个'框架'，用于将个体记忆编织入内"②。而集体记忆内的媒介可以唤起所属群体的联想，如通过枪的照片联想到自己的战争经历。正是因为记忆的联想作用，

① 珍妮特·特纳·霍斯皮特尔：《奥菲斯悲曲》，第52页。
② Anne Whitehead, *Memory* (London and New York : Routledge Press, 2009), p. 126.

审讯部门将无确定指向的照片视为"罪证"。寇比向丽拉展示了一系列"证据"，其中除了在公共环境偷拍的照片，甚至还包括卧室里的私密照片，且不惜以在网络和学校公布丽拉的隐私照片逼迫她合作。

丽拉在生命权受到炸弹案威胁后，自由权及隐私权也被"正当"侵犯，而侵犯她的正是本应维护其权益和保卫其安全的权力机构。紧急状态下，特殊的手段本无可厚非。但是，当一部分群体的记忆纽带形成后，潜移默化地形成"理所应当"的认知，继而驯化无权抵抗的个体，将她的个人记忆再度吸纳进集体。经过反复的实践，此时的集体记忆会进化成高阶的理念模式，从而动摇相应的秩序。作者坦言，近年来"我们习惯为了国家安全而丧失我们曾经拥有的民主理想，比如合法的程序、人身保护令以及疑罪从无等"[1]。通过霍斯皮特尔的故事刻画，一方是没有任何拒绝与反抗权利的丽拉，而另一方则是小说中高高在上、肆意监视和关押一般公民的国家机器，不难看出她对相关问题的担忧。如此强势的非常规手段是否必要与合理，以及国家安全是否须建立在牺牲公民的隐私和人身自由等基本人权的基础之上，这些都是霍斯皮特尔想要通过作品引发的思考。

三、后记忆与创伤继承

根据提出者玛丽安·赫希（Marianne Hirsch）的解释，"后记忆"（Postmemory）被描述为"后辈们与先辈们的个人创伤、集体创伤以及文化创伤的关系"[2]。它区别于记忆，因为后记忆是一种建立在间接经验上的特殊记忆形式，它并非通过回忆，而是通过积极的建构过程形成。更具体来说，后记忆是通过父辈记忆的投射和自我想象的投入而创造的，它首先是一个投射行为，后经由想象过程，达到一种认同和创造性的反映。后记忆概念旨在分析非亲身经历创伤的第

---

① Luan Gaines, "Janette Turner Hospital: Orpheus Lost" in Author interview of Curled up with a Good Book (November 10, 2015), https://www.curledup.com/intjthosp.htm.

② Marianne Hirsch, *Fmaily Frames:Photography, Narrative Photography, Narrative, and Post-Memory* (Cambridge: Harvard Press, 1997), p. 32.

二代人的自我身份认同，如何被他人的记忆，尤其是创伤一代的记忆所影响，关注创伤文学中"代际幽灵"（trans-generational phantom）。《奥菲斯悲曲》中对于记忆的描写极强烈地突出了这一点，小说不止于刻画现时创伤经历带来的个体与集体记忆，也追溯了父辈有关大屠杀和越战的梦魇记忆，并详细展示了后代在记忆断裂的基础上承袭代际幽灵的身份认知模式。

诚然后记忆加深了记忆的不可靠度，但代际幽灵的出现证明了创伤记忆传递的可能性，创伤记忆继承者通过无意识的认同过程接收父辈的痛苦记忆，明显在一定程度上与他人记忆产生了共情。小说中比较有代表性的刻画是卡洪家族。寇比的父亲卡洪·史劳特（Calhoun Slaughter）是一名越战老兵，残酷的战争给他造成了肉体和心灵的双重痛苦：

> 卡洪·史劳特悄悄回到家乡，以避免公众的注意。他的脸颊上多了一个紫色的洞，而且只剩下一条手臂。他只能靠着退伍军人的残障津贴让他坐在门廊上喝酒。睡着的时候，他常会大吼大叫。醒着的时候，他的行为变得很不可预测。① 卡洪无数次地在梦中反复展演从前的经历，因隐瞒自己犯下的罪恶而噩梦不断，身体残疾的他酗酒度日，脾气暴躁无比。寇比就是在这种父亲凶暴、母亲自杀身亡的家庭环境长大。家庭的多重创伤让他的性情阴晴不定，多变敏感。创伤显然从上一代延宕至下一代，进而产生新的创伤记忆。

就时间线而言，战争的创伤经历和创伤记忆本是一种承接关系，但是从影响上来看，未能愈合的创伤经历和创伤记忆是一种双向作用的过程，即创伤深化记忆，而反复的记忆也加剧创伤的弥留危害。原初创伤者卡洪的战时记忆时常闪回，不仅在行为上反复重演创伤经历，也在宣泄和爆发的过程中给他者造成了创伤的投射和迁移。在延宕的过程中，后记忆拉长了记忆的维度线并强化了二次或多次伤害的力度，继而通过父辈噩梦记忆的延续和由此带来的伤害性

---

① 珍妮特·特纳·霍斯皮特尔：《奥菲斯悲曲》，第237页。

行为的呈现、传播而侵害到后代，创伤记忆达成了显性的代际继承，最终完成记忆的交互，在未能被完全理解的情况下使得记忆能在个人和代际之间共享。苦痛的记忆不仅是父辈不愿回想的雷池之地，也逐渐演绎成子女难以启齿的痛苦源头。

因此后记忆使得本就抽象的记忆越发复杂化，其特殊点在于它具有断裂的延续性，是一种直接经验的缺席和间接创伤记忆的承袭的矛盾结合体。一方面，代际之间的边界感逐渐模糊，上一代的阴影默默渗透下一代，存在占据身份的风险。小说中米斯卡所属的巴尔托克家族的代际记忆反映了此机制。米斯卡从少年到青年时期都维系着想象记忆，他对"已故"父亲的印象完全依托于母亲的记忆——一位有教养的、热爱音乐的人。正因如此，当身为米斯卡同学的炸弹客揭露其父其实是一个冷血凶暴的圣战分子时，米斯卡彻底堕入自我怀疑的痛苦深渊。米斯卡的后记忆一直建立在虚构的本相之上，而仅根据过去的他人经历来定义当下的自我身份会使得现在的存在意义变得虚无。倘若在他人记忆和影响中长大，被未知的意识所支配，自我有可能被他者取代，陷入身份迷惘的旋涡。另一方面，比起时间上的先后顺序之分，后记忆更像是从无到有的缔造过程，所以与其说后记忆是创伤体验的延迟，不如说是一种想象与摹写。对于后代来说，他们记忆的不是事件，而是一种潜伏的感觉。这种感觉在感知过程中可能发生扭曲，甚至让创伤者为避免痛苦而选择性地"遗忘"了创伤经历，或潜意识地篡改、填补记忆。米斯卡的外祖父母为纳粹大屠杀的幸存者，噩梦般的回忆让他们搬至北昆士兰的热带雨林，亲手建造了一座外形和构造奇特的城堡，过着远离人群的封闭生活。每天晚饭后，巴尔托克（Bartok）一家都会有一个固定的家庭仪式：在餐桌前安静地欣赏外祖父的哥哥奥图（Otto）爷爷在房里演奏的小提琴声。但米斯卡从未见过奥托爷爷，也不被允许进入奥托爷爷紧锁的房门。直到某天房门被意外打开，米斯卡才知道奥托爷爷早已经在集中营里被枪决，每晚的小提琴演奏只是家人们为了逃避痛苦而篡改的记忆。外祖父非常清楚奥图爷爷已经离世，但是：

随着时间流转，他却好像愈来愈痛苦。终于有一天，他决定抹去过去的一切。①

奥托爷爷的死亡成为家族中默认的禁区话题，米斯卡在知晓真情的条件下依旧自我麻痹多年，佯装死去之人仍然健在，并将填补的记忆当作事实讲述给家族以外的丽拉。

对承袭创伤的逃避造成了"记忆断裂"，以至偏移为虚假的后记忆。但是，这种格局并不是由遗忘的过程形成的，反而恰恰是由记忆的过程造就的。因为牢记创伤，所以选择沉默。当"断裂"的记忆出现在更大的范围甚至是一代人身上时，先辈集体记忆的"消亡"会成为后辈的痛苦来源，即由记忆的断裂造成痛苦的延续。后一代出于自我保护的需要而修改记忆欺骗自我与他人，或为了维系群体的凝聚力而在缄默的立场上左右摇摆，这种对大屠杀和战争等的消沉机理逐渐演化成一种集体沉默的政治策略。当沉默不断加强，记忆"断裂"也逐渐加剧，且二者互为因果。更有甚者，随着时间的推移，记忆沟壑会经由创伤经历者思维和实践上的反复摹写变为一种"真正"的想象力记忆。其并非简单的记忆叠加，而是更像是一种带有目的性地将人对同一时间同一事件的记忆融合并调整为一个已被设定好的记忆的修正过程。如果这种记忆被大多数人接纳与认可，那么它的真实性便会发生改变，成为大家闭口不谈的隐秘或者心照不宣的"事实"。长此以往，本该被社会铭记的真相会在沉默中彻底湮灭。

《奥菲斯悲曲》中的记忆描写横跨数代，每一代都有属于自己的典型创伤记忆和暴力阴影，其既能对个体也能对社会产生长久而深远的影响。第一，后记忆纷繁复杂，既是独一无二的体验，又是一代人普遍的噩梦症结；既难以言说，又无法遗忘。后记忆将创伤转移到新的对话语境，在连续和断裂之间不稳定地震荡，如果拒绝承认，后一代可能为自我逃避的状态赋予一种虚假的正当性，产生无能的厌我感和厌他情绪，甚至被他人经历、过往的历史所笼罩及束缚，又无法恣意割离过去，只能在创伤经历的阴影中成长，使得群体乃至民族难以前进。霍斯皮特尔为文中人物附加此类后记忆的用意在于，揭露创伤群体及后

---

① 珍妮特·特纳·霍斯皮特尔：《奥菲斯悲曲》，第 183 页。

代在暴力阴影下的身份迷失乃是重大灾难后的一种普遍写照，他们在努力构筑自我认同的同时又不断被后记忆侵占，陷入身份危机。第二，当人们主观筛选自我记忆，只愿意记忆经过自己的选择后想要记忆的信息，并赋予其自己想要表达的意义时，记忆的可操控性致使它具有意指性和政治目的性。通过小说，霍斯皮特尔不仅体现了对大型创伤事件，如大屠杀、战争等行为的批判，也告诫社会勿要逃避创伤、篡改记忆，而应展现真相，铭记历史伤痕，认清暴力的种种恶果，避免重蹈覆辙。

四、文化记忆与创伤修复

创伤阴影在历时范围内通过代际交流而传递，在共时领域内经由群体及社区的集体记忆来传播和凝结，构成了独特的创伤文化记忆。严格来说，文化记忆来源于集体记忆，但集体记忆并非都会形成文化记忆。某种群体创伤之所以能成为文化记忆，是因为它在横纵向的形成过程中塑造了一种集体认同并衍生出相应的群体行为模式。近时代以来，世界恐怖活动不断加剧，于"9·11"事件上达成高峰，俨然具有形成浪潮之势。新时代的创伤记忆催生出苦难下的文化认同并促使集体踏上治愈创伤的道路。

《奥菲斯悲曲》中，小至人物，大至国家都承受了暴力带来的多方面影响，而为了弥合创伤、阻滞记忆的消极传递，小说展现了创伤文化背景下两种截然不同的修复模式。其一以文中国家机器的反恐活动为代表。由于米斯卡特殊的身份及其与自杀炸弹客的亲密接触，安保部门将他列为重点关注与防范的对象，不仅拘押审问毫不知情的丽拉，还欲秘密囚禁米斯卡以期得到所谓的阴谋真相。但其实，米斯卡与他的同学、地铁爆炸案中的自杀式炸弹客贾米尔·哈达德(Jamil Haddad)的来往，是由于贾米尔敏锐留意到米斯卡和阿布奇家族之间的血缘关系，米斯卡意外得知本已死亡的父亲仍然活着。然而炸弹客所描述的"圣战英雄"与米斯卡母亲口中有教养、热爱音乐的父亲形象大相径庭。为解开谜团，也为定义自己的身份，米斯卡下定决心寻找父亲，却不知最终落入了暗无天日的地下监狱，在其中受尽折磨。

麻布袋像夜空一样蒙住他的头……好像有一双翅膀被扯掉了……它在要求一个正确的答案……他的回答都不对。惩罚不断降临到他身上……地狱犬仍旧咆哮狂吼着，继续撕扯米斯卡的皮肉……他感觉翅膀的筋骨即将断裂，他应该很快就会脱离翅膀并跌落。①

这座巴格达的"幽灵监狱"（Ghost Prison）宛如地下迷宫，布满残缺腐烂的尸体，到处是倍受虐待的囚犯，他们有些背负着莫须有罪名，被剥夺名字，也没有审讯记录，他们唯一能做的就是在严刑逼供下亲口说出一个令人满意的既定答案。

在时代创伤记忆的背景之下，国家机器处处警惕可疑分子，企图以强制武力与过度暴力来治愈自己的创伤，却造成大量的无辜伤亡。盖尔·M.普雷斯贝（Gail M. Presbey）认为，所谓的"全球反恐战争"本身就是一个有问题的概念，它使得"这些地区比以往任何时候都更加混乱与麻烦"②。"全球反恐战争自相矛盾地致力于加剧局势，而不是根除恐怖主义。"③过激的反恐行为未能从恐怖主义发生的根源上解决问题，而是奉行以暴制暴的应对原则，引发了暴力循环的惨痛后果，这折射出悲剧的始作俑者依赖于武力征服的惯性思维。通过刻画被折磨得气息奄奄、不成人形的米斯卡，霍斯皮特尔抗议那些自诩"正义"的屠杀行为和那些惨无人道的审讯流程及组织，痛惜受到无辜戕害的人民。

相较于暴力，小说还展现了创伤文化记忆下的第二种疗愈模式，即用爱与悔悟完成救赎。米斯卡被秘密监禁后，丽拉彻底失去了爱人的音讯。彼时，她终于理解为何父亲一直难以走出失去母亲的阴影，并切身体会那种痛苦，欲竭尽所能拯救受难的米斯卡。丽拉向寇比寻求帮助，她非但没有介怀过往的一切，反而坚信寇比善良的本质，用真诚和信任感化寇比。同时，寇比一直对自己亲

---

① 珍妮特·特纳·霍斯皮特尔：《奥菲斯悲曲》，第253—254页。

② Gail M. Presbey, *Philosophical Perspectives on the "War on Terrorism"* (Amsterdam and New York: Rodopi Press, 2007), p.10.

③ Bárbara Arizti, "Working through Trauma in a Time of Terror in Janette Turner Hospital's *Orpheus Lost*", p.62.

手把米斯卡误送进地下监狱而良心不安。当寇比的父亲卡洪病重时，父子俩才真正有了一次交心的谈话。饱受罪恶感折磨的卡洪终于勇敢地诉说自己的秘密，向儿子坦言自己曾在越战中误杀了 13 名儿童的秘密。

> 两个人的心中的城墙都崩溃了。他们来抱在一起。那是他有生以来第一次听到父亲的啜泣。①

卡洪终于直面自己的创伤，将它倾诉出来，从而走出了创伤的阴影，并且他引导寇比不要逃避而是应该弥补自己犯下的过错。正是父子俩最后的坦诚倾诉让寇比幡然悔悟。寇比已然意识到事情偏离了原有的轨道，良心的谴责让他想要尽力弥补，意欲拯救因他入狱的米斯卡。照片再次成为一个痛苦记忆的存储处和触发点，当寇比看到审讯程序结束后被拍下的照片时，久经沙场的他惊叫出声，甚至无法接受：

> 他把照片放回信封里，塞到抽屉底部，锁起抽屉，他有一股强烈的洗手冲动，他可以看到手指和手掌上的脏汗斑点，他甚至觉得皮肤受到灼伤，照片似乎带有毒性，他的手正受到严重的污染。②

这些照片时刻提醒他那些暗黑营区的罪恶和被他送进地下监狱的人。寇比亲眼看到米斯卡在严刑逼供下奄奄一息且因身份的特殊性将永远不会被释放，他深知自己已经酿下大错。最终，寇比只身前往巴格达展开地下行动并向报社寄发地下监狱的照片，揭露这个伊拉克美军虐囚的丑闻，不惜以自己的名誉和性命走出了创伤的阴影，完成了自我的救赎。

小说的结尾并未给出丽拉和米斯卡的结局，但是霍斯皮特尔的重点是通过展现主角们的创伤记忆和救赎之路，揭示相关罪行的残暴，同时也希冀人们能

---

① 珍妮特·特纳·霍斯皮特尔：《奥菲斯悲曲》，第 327 页。
② 同上，第 228—229 页。

够勇敢地面对内心的创伤，用爱与理解来尽力弥补过错。

值得注意的是，纵观整本小说，霍斯皮特尔始终站在潜在西式立场。一方面，除了同质化集体的共识并加速创伤群体的融合，文化记忆也在一定程度上区分了创伤人群与创伤外人群，进而分化自我族裔与他者族裔的范畴，若将代表性的少数个例上升至整个国家的层面，便会潜移默化地加深国家的排他性和民族间的矛盾。小说对上述行径非正义性的指摘是建立在单方面记忆视角之下的，除附加"涉入穆斯林青年会"的共同特征外并未过多描写恐怖分子的形象与经历，也未阐述他们诉诸暴力背后的动机和理由。再者，尽管霍斯皮特尔在文中批判国家恐怖主义和暴力反恐，但究其本质，寇比的地下营救仍是一场以暴反暴的行为，其人物形象始终作为国家的代表——无论是拥护国家反恐理念却造成了无法挽回的损失的少校，抑或是"背叛职责"却被美联社及美军主管赞誉的"独行侠""英雄"。当丑闻被揭发，这个残暴的酷刑中心遭到官方的公开指责时，国家机器的形象借由寇比的赎罪行为完成自我纠正，达到升华。此外，小说将视角的重点放在了寇比的救赎过程。尽管文中无辜遭难、受尽酷刑的米斯卡是最大受害者，但作者显然偏重于寇比的悔过与弥补，而淡化其造成的惨痛后果，将寇比从米斯卡不幸的缔造者转化为正义的化身，使其收获读者的敬佩与同情，造就英雄主义式结局，这是一种典型西式文化记忆，亦是作者潜在西式立场的体现。

五、结　语

《奥菲斯悲曲》以古希腊神话为框架，书写了一部"后9·11"创伤时代的爱情故事，也体现了作者霍斯皮特尔对恐怖主义及暴力反恐等政治问题的深思。小说借三重记忆机制的描写刻画了集体记忆造成的群体恐慌和信任危机、后记忆引发的身份迷失及记忆"修正"风险、文化记忆折射的惯性思维与迥异治愈模式，在展现恐怖袭击、战争等屠杀给人带来的创伤和记忆延宕的同时，也探讨了主体所采取的应对措施和走出暴力阴影的合理方式，表达了对恐怖主义和大屠杀的批判，揭露了以暴制暴的畸形与荒诞，以及对建立一个和平正义的世界的期盼。但同时，尽管霍斯皮特尔谴责过激反恐手段引发的国家恐怖主义，但她始终站在西方的立场，偏重施暴者的自我救赎，而淡化其造成的惨痛后果，并未能剖析恐怖主义日益滋生的多方因素，以及反恐背后折射出的诉诸暴力的惯性思维。在当今时代，创伤型记忆、后记忆乃至文化记忆的存在并非完全是一件可怕的事。相反，它的复原、建构和超越可以促进整个社会的转变和融合，这也许是这本小说更深远的政治意义。

论《别了，那道风景》空间叙事中的
和解书写

程洁① 詹春娟②

摘要：《别了，那道风景》是澳大利亚作家亚历克斯·米勒的代表作之一，也是澳大利亚和解小说的力作之一。与以往和解小说不同的是，米勒没有一味地从创伤角度来书写和解，而是加入了空间书写的方式来反映白人殖民者和土著之间的冲突，表达种族和解诉求。本文拟从小说中的空间元素出发，首先分析作者如何通过地志空间的书写来凸显屠杀阴影下土著生存空间的边缘化，其次指出作者通过聚焦于时空体空间揭示某些特定空间对土著历史重构，以及与过去和解的重要性，最后探讨作者如何通过转换视角、闪回、虚实相间等叙事策略建构起文本空间，呼吁人们直面历史，走向和解。

关键词：《别了，那道风景》；地志空间；时空体空间；文本空间；和解

一、引　言

种族问题一直是澳大利亚社会迫切需要解决的问题，它关系到澳大利亚民族的前途和发展。20世纪70年代惠特拉姆政府执政，废除了持续100多年的"白澳政策"，承认了土著群体存在的合法性与合理性，被视为澳大利亚种族和解的起点。而后，"土著咨询委员会"的成立及"种族歧视法的颁布"为种族和

---

① 程洁，安徽大学外语学院硕士研究生，主要研究方向为澳大利亚文学。
② 詹春娟，安徽大学外语学院教授，安徽大学大洋洲研究中心主任，硕士生导师，主要从事澳大利亚文学研究。

解搭建了沟通的桥梁和法律保障，大大推动了澳大利亚种族和解事业。进入 20世纪 90 年代以后，随着"马宝案件"的裁决及"被偷走的一代"历史真相的揭露，澳大利亚社会开始聚焦于那段隐藏的历史，土著澳大利亚人与非土著澳大利亚人的关系有所缓解。而总理陆克文在 2008 年以政府和议会的名义向土著尤其是"被偷走的一代"正式道歉，使得民族和解运动又迈出了重要一步。基于和解的历史和政治文化背景，澳大利亚作家开始从和解视角来重新审视土著问题。一部分作家着眼于纪实文学，以采访土著后裔的方式再现他们的遭遇，呼吁人们支持民族和解事业；一部分作家则积极探讨和研究民族和解的具体途径与模式；而更多的作家则是关注历史与现在的联系，以特定的历史事件为背景，通过书写记忆的方式来构建种族和解。亚历克斯·米勒（Alex Miller）就是其中一个典型代表。在小说《别了，那道风景》（*Landscape of Farewell*）中，米勒以德国纳粹历史和澳大利亚历史上种族冲突事件为背景，叙述了德国历史学教授奥托和土著原住民道佳尔德在父辈屠杀阴影下，通过书写历史和重访家园的方式互相救赎，希望以此来还原历史真相，警醒人们，只有直面历史，放下仇恨与芥蒂，白人和土著才有望能达成真正的和解。

目前，国内外学者对《别了，那道风景》中的友谊、救赎，以及屠杀历史主题的研究颇多，比如罗纳德·夏普（Ronald Sharp）在《〈别了，那道风景〉亚历克斯·米勒的友谊观》（*Landscape of Farewell: Alex Miller's Vision of Friendship*）中探讨了奥托与道佳尔德的友谊，认为其"提供了一条穿越黑暗、忍受黑暗、不被黑暗击垮的道路，最终通向人类自我肯定的深层源泉"①。刘云秋在《亚历克斯·米勒和他的〈别了，那道风景〉》中探析了小说的大屠杀主题，认为"《别了，那道风景》对澳大利亚人，乃至全人类从古到今都无法回避的问题——种族屠杀的原因及其结果进行了深刻的剖析"②。徐丛辉在《别样的历史言说——新历史主义视角下的〈别了，那道风景〉》中从新历史角度

① Ronald Sharp, "Landscape of Farewell: Alex Miller's Vision of Friendship", *Thesis Eleven*, no.1 (2011), p.94.

② 刘云秋：《亚历克斯·米勒和他的〈别了，那道风景〉》，《外国文学动态》2011年第 1 期，第 42 页。

探析了米勒的后现代历史观，认为"米勒在作品中既展现了澳大利亚原住民对本民族历史与现状的反思、为维护自身权利所进行的斗争，同时也彰显了曾经的殖民者的后裔也在为整个社会的和谐与发展不懈努力"①。但大多数的研究都是围绕文本和主旨展开的，小说中的空间形式则较少被人关注。笔者关注到小说中空间结构的复杂化和多维化与澳大利亚和解运动的曲折历程相契合。小说中白人和土著矛盾的地志空间反映了尊重土著文化对种族和解的必要性，变化穿梭的时空体空间给予土著后裔与过去和解的可能性，繁杂的文本空间凸显了和解书写的交互性。本文试图从空间叙事理论切入探析小说的和解主题。20世纪以来，随着"空间运动"的开展，学者们开始关注文化生活中的"空间性"，列斐伏尔在《空间的生产》中，把空间视为一种社会的产物，强调生活与空间的相互作用。约瑟夫·弗兰克（Joseph Frank）在其发表的《现代小说中的空间形式》中首次提出小说空间形式理论，从创作和接受两个角度论述了小说的空间形式。他们的理论推动了叙事界研究空间的高潮，空间叙事理论受到越来越多的关注。其中，加布里尔·佐伦的《走向叙事空间理论》建构了迄今为止最具有实用价值和理论高度的空间理论模型，他从纵向区分了构成空间的三个层次（地志学、时空体和文本），逻辑清晰，分析严谨而细致。本文借鉴加布里尔·佐伦提出的空间叙事理论，从地志学、时空体与文本三个层次对《别了，那道风景》进行空间结构分析，挖掘其对种族和解主题构建的意义。

二、地志空间

佐伦首次在《走向叙事空间理论》中提出了地志空间的概念，他称："这是处于重构的最高层次的空间，被视为是独立存在的，独立于世界的时间结构和文本安排。"② 在文学作品中，地志空间其实就是文本中人物生活或存在的静态实体空间。佐伦认为地志空间可以通过文本的直接描述来建构，同时各种

---

① 徐丛辉:《别样的历史言说——新历史主义视角下的〈别了，那道风景〉》,《安徽文学（下半月）》2012 年第 1 期，第 113 页。

② G. Zoran, "Towards a Theory of Space in Narrative", *Poetics Today*, no.5 (1984), p.214.

元素的对立也可以形成小说的地志结构。这种地志空间"基于一系列对立……包括内和外，远和近，中心和边缘，城市和乡村等关系"①。在《别了，那道风景》中，土著原住民文化顾问道佳尔德背负着曾祖父屠杀白人的罪行，跟随父亲远离土著先人的家园远征岭，独自居住在以白人住所为中心的尼博山小镇的边缘。尼博山和远征岭是小说的两个主要地志空间，同时也隐含了"中心"和"边缘"这一对立关系。小说中除了这一对地理空间的对立，还包含着具体空间的对立：白人住宅区和道佳尔德的边缘小屋。前者对立关系通过展现尼博山和远征岭的不同空间感，折射出白人和土著的文化价值观念差异；后者则呈现出白人与土著生活空间的差异性，折射出土著居民生存边缘化困境。作者通过这种矛盾的对立呼吁尊重土著文化，揭示了构建种族平等的生存空间对种族和解的重要性。

尼博山小镇是工业城市化的中心，而远征岭则是未开发的边陲之地，这一对立关系反映了白人和土著文化观念的差异性。白人在尼博山小镇开采煤矿，建造工厂，无休止地耗竭生态资源，使得小镇环境遭到严重破坏。路旁的灌木丛里灰色的黏土层上到处布满了枯枝败叶，大街上满目疮痍，到处都是被人遗弃的房子和废旧的家具。不远处的山上架起了煤矿的塔楼，时不时还传来开矿机器的响声，这些意象不仅建构起一个工业小镇的空间形象，同时也是一种白人土地观念的缩影。自从 1788 年英国在澳大利亚开展殖民活动开始，白人殖民者对待土地的态度一直都是征服和占领。而在澳洲土著的世界观中，土地一直是他们文化的核心，他们认为土地和人一样有着各种感觉，可以听到响声，闻到各种气味，也会感到恐惧。他们与土地的关系可以理解为他们属于土地，而不是和白人殖民者认同的一样，是土地属于他们。因此，当原住民道佳尔德回归土著家园远征岭时，作者呈现了一个完全不一样的地志空间。那里没有来往的汽车，没有海市蜃楼，没有机器的轰鸣声，取而代之的是绵延起伏的山岭，成片成片的参天古树，以及宛如流云的瀑布。"远处，巍峨的山崖拔地而起。山崖后面是森林覆盖的、绵延起伏的山岭和陡峭的峡谷"，"山川流水、碧野

---

① G. Zoran, "Towards a Theory of Space in Narrative", p. 219.

蓝天，万籁俱寂，苍穹之下，似乎从来就是这样宁静。"① 远处老怀拉哀号般的叫声在空中萦绕盘桓，仿佛是老人们对道佳尔德回到故乡的欢迎。在澳洲土著的世界观中，一片特定的土地孕育一个特定的部落及其成员，这样的生存关系固定且不会改变，土著的所有生活、文化、艺术、祭祀活动都与该土地和该集体相关，他们的血液里始终流淌着对土地的热爱和回归自然的渴望②。所以，对于土著后代来说，远离先人的神圣家园不仅仅只是空间环境的变化，更是一种精神上的脱离。老怀拉的声声呼唤给道佳尔德带来了极大的精神慰藉，而这种重回故里、与土地团聚的激动是白人无法理解的。他们缺乏信仰和尊重自然的意识，受利益和世俗观念的熏陶，看似生活在现代化社会的中心，实则处在精神匮乏的边缘。米勒这一反中心的空间书写也是在呼吁澳大利亚人要正视自己精神文化的匮乏并重视土著文化的价值，在文化的相互尊重和交流中走向和解。

白人住宅区位于小镇的中心，而土著道佳尔德的住所则在小镇的边缘，这一对立关系呈现出白人与土著生存空间的差异性，折射出土著居民生存边缘化困境。白人在尼博山小镇划分了工业区和住宅区，"他们开发了自己的住宅区，建起了商店，里面都安着空调"③。而土著由于缺乏生存空间，只能选择居住在小镇的边缘，道佳尔德的房子便是如此。"他那栋小小的、方方正正的、没有粉刷过的石棉水泥房子坐落在一块用篱笆围起来、不规则的土地之上，这块地和小镇边缘那条积满尘土的砂砾公路成一条直线。"④ 尽管如此，白人开采煤矿带来的环境污染仍然影响着土著居民的生活。"鸡舍旁边，那几台被人丢弃的推土机宛如正在做梦的大象、犀牛、河马赫然耸立。""万籁俱寂，只有矿山那边隐隐约约传来突突突的响声。"⑤ 可这片土地在白人殖民者侵占之前原是原住民的祖传之地，如今他们只能寄人篱下，退居到小镇边缘，成为白人

---

① 亚历克斯·米勒：《别了，那道风景》，李尧译，人民文学出版社，2009，第218页。
② 张雯：《澳大利亚土著文学的发轫和发展》，《武汉理工大学学报（社会科学版）》2018年第3期，148页。
③ 亚历克斯·米勒：《别了，那道风景》，第62页。
④ 同上，第63页。
⑤ 同上，第65页。

发展工业牺牲环境的受害者。从 20 世纪二三十年代至六十年代末，土著就通过法律等各种手段来争取土地所有权。1976 年 12 月 16 日，澳大利亚联邦总督签署了《土著土地权（北领地区）法》承认了土著在澳大利亚的土地权益，这无疑是澳大利亚种族和解进程中的一个标志性成果。但是，也正如土著诗人阿里·克比·艾克曼在访谈中说的那样："政策的本质没有改变，贬低我们的核心精神，以及我们对土地的一种悠久的文化归属感——我们属于这片土地，但它却不属于我们。"[1]小说通过对比白人和土著的生存空间，呼吁澳大利亚社会不要忽视土著权益，任其处于社会的边缘地位。

小说中的两层对立空间呼应了白人和土著的社会地位和文化差异，深刻揭示了土著在生存空间及文化上被边缘化的境遇。澳大利亚民族和解的一大难题就是解决土著他者化的问题，怎样能让原住民真正感觉到自己是这片土地上的主人呢？澳大利亚白人要尊重土著的生态观念，打破白人和土著空间的二元对立，构建真正意义上种族平等的生存空间。

三、时空体空间

根据加布里尔·佐伦的理论观点，时空体空间指由事件和运动的空间构成，它包含共时和历时两种关系。前者指的是在任一叙述点上或运动或静止的客体在文本中相互联系构成的空间关系，后者则表示在特定的叙事文本中空间的发展存在一定的方向或运动轨迹，它受作者意向、人物意图与行动、情节阻碍等因素的影响[2]。小说中多次出现的"舅舅的农场""吉卜赛小女孩"这些意象是属于静止的客体，而这些意象背后与之关联的奥托教授的活动与行为，共同构成了小说中与过去和解的共时空间关系。而奥托教授从汉堡到尼博山再到远征岭这一空间上的运动轨迹既是一场和解之旅，同时也构成了澳大利亚本土与

① 欧阳昱：《澳洲土著诗人阿里·克比·艾克曼访谈录》，《华文文学》2017 年第 2 期，第 45 页。
② 程锡麟：《叙事理论的空间转向——叙事空间理论概述》，《江西社会科学》2007 年第 11 期，第 28 页。

世界相融合的历时空间关系。在大屠杀的代际阴影下，无论是德国后代还是澳大利亚土著后裔，与过去和解都是疗愈之旅的必经之路，同时也是白人与土著民族和解的前提与基石。

　　"舅舅的农场"这一意象在文中反复出现，映射着创伤记忆一直在困扰着奥托。奥托居住在尼博山时，道佳尔德的农舍与舅舅的农场十分相似，"空气里弥漫着一股熟悉的泥土和鸟粪散发的霉味……棚屋里的工具大多数是舅舅那个时代的东西"，这一切唤起了奥托对舅舅农场的记忆。"你的父亲不在前线。他搞特务工作。"①舅舅的话让奥托陷入怀疑之中，而母亲拒而不答也让他瞬间明白其中原委。从此，他便以静默来面对父亲曾参与德国大屠杀的事实，将自己锁在悔痛和沉默的铁笼里。农庄小屋里的窟窿就是铁笼的外在体现。奥托坚信窟窿里有另外一个黑暗存在，不是父亲前线战争的黑暗，而是共谋犯罪的黑暗。在那里，有着奥托想象中的战争——善恶之争，"我们并非清白无辜，而是作为人类这个物种，秉性中就有善的一面，也有恶的一面"②。他害怕恶会把他争夺过去，走上父亲历史上走过的道路。没有亲历战争的创伤，后代往往会通过想象来建构记忆，在不断的想象中给自己施压。使得自己无法面对历史，也无法正视自我。农场再一次出现时，是在奥托听完道佳尔德曾祖父戈纳帕的故事后，跟随道佳尔德回归故里的途中，"战争已经接近尾声，德国乡村杳无人烟，弥漫着被遗弃的悲凉"③。舅舅的话扎根在小奥托的心中，父亲是带着荣誉的上尉还是残忍的屠杀者，他始终活在怀疑的阴影里。当他从记忆中跳脱出来，看到眼前的漫漫长路，不禁发现或许道佳尔德的故事已教会他如何走前面的路。接受是治愈的开始，只有接受曾经惧怕的事实，将掩盖的伤口露出来，才能与过去、与自己真正和解。"吉卜赛女孩"的意象也是如此，第一次出现在奥托拜访道佳尔德时，回忆里吉卜赛小女孩告诉他，自己的家人都被杀害了并向他讨要面包，可是他犹豫着没有帮助她。紧接着，当奥托由于没有钉牢椎子导致山羊在悬崖边吊死时，他又想起了吉卜赛女孩，想起了她对自己

---

①　亚历克斯·米勒：《别了，那道风景》，第93页。
②　同上，第98页。
③　同上，第200页。

毫无结果的诉求，如同这只山羊一样，没有任何补救的措施。所以，他想到了逃避，选择离开尼博山。可当他告知维塔时，原住民教授维塔的话却点醒了他，"如果你压根儿就不打算改变你的生活方式，不打算做一些补救，光道歉有什么意义呢？"[1] 于是，他回到了小镇，独自安葬了那只羊，同时也安葬了对吉卜赛女孩的悔意。小说通过构建这种不断流动的场景和不变的意象所组成的共时空间关系，让读者体会到屠杀阴影下个体与过去和解的重要性，只有在记忆中构建新的认知，才能摆脱阴影，走向明天。

小说中叙事空间的历时关系主要体现在叙事空间呈现出一定的方向性和时序性，空间流动呈现出连续性。从汉堡到尼博山再到远征岭，空间的位移实则是一场和解之旅，更是一个连接民族与世界的空间通道。奥托和道佳尔德在空间的转换中完成了互相救赎，他们与屠杀历史的和解不仅对澳洲人，乃至整个人类都具有典范意义。

战争是二战后整个德国社会都不愿提及的创伤。奥托就生活在这样一个对战争闭口不谈的德国城市汉堡。身为一名历史学教授，他将自己所有的精力都投入到 12 世纪历史文献的研究上，从未踏入"大屠杀"领域。不堪与父辈共谋犯罪的愧疚感及爱妻亡故带来的悲痛，他甚至准备在完成告别演讲后结束自己的生命。在告别演讲上，他的论文遭到维塔的质疑，两人因此而结识。之后，在维塔的劝导下，他放弃了轻生的念头，前往尼博山小镇拜访维塔的叔父道佳尔德。在尼博山小镇，两人朝夕相处，宛如一起生活多年的兄弟。在互相信任下，土著原住民道佳尔德向奥托坦陈了曾祖父戈纳帕将强占他们运动场的 19 名白人殖民者全部屠戮的历史，并希望他能把这段历史记载下来。那一刻，"沉默和倾听打破了民族的空间界限和历史的时间界限"[2]。曾祖父戈纳帕的故事使得奥托与道佳尔德在地理上相距遥远的个人与过去之间产生共鸣。道佳尔德坦然的历史观让奥托意识到自己一直在逃避，年幼时不敢询问父亲在战场上干什么，长大后又对屠杀历史避而不谈。同时，这种公开谈论战争的环境也让他有

---

① 亚历克斯·米勒：《别了，那道风景》，第 121 页。

② Joseph Cummins, "Listening to Alex Miller's Soundscapes", *Chinese Journal of Australian Studies*, no.2 (2013), p.9.

了直面历史的勇气。在十个日日夜夜里，他将自己想象成戈纳帕，完成了《大屠杀》的著作。这不仅记载下了土著反抗白人侵占家园的屠杀历史真相，也使得奥托多年背负的与父辈共谋犯罪的愧疚感得以宣泄，"和戈纳帕、和我的日记在一起，我又变得年轻，全然忘记自己这把年纪，忘记忧伤和可怕的衰老"[1]。随后，他跟随道佳尔德寻找有着祖父戈纳帕记忆的山洞，来到了远征岭。如果说尼博山给予了奥托敢于直面历史的空间，那远征岭之行则是奥托反思过去，连接未来的转折点。带有土著先人记忆的石墙和山洞里的白骨唤起了道佳尔德的记忆，他告诉奥托，屠杀之后，白人族长的儿子并没有进行报复，反而收留了流离失所的土著，并雇佣他们一起干活。"他们知道，这几个人也许直接参与了对他们家族的屠杀。但是，他们有一种更崇高的信念。这种信念不允许两兄弟向屠杀他们一家的当地人报仇。"[2] 亲历历史的人都可以放下仇恨，选择和解。作为屠杀施害者的后代，更要勇敢打破沉默，直面代际创伤。小说最后一章，奥托回到了汉堡，开始记录自己与道佳尔德的"游记"，闭口不谈的战争再也不是一种禁忌。正如维塔曾说，"后悔不是罪过，只有否认自己曾经后悔，因而无法做些事情弥补，才是罪过"[3]。

从汉堡到尼博山再到远征岭，这三个空间的转换见证了德国纳粹后代和澳大利亚土著后裔在大屠杀阴影下的互相救赎，完成了与屠杀历史和解的同时，也形成了澳大利亚本土与世界的交锋和融合。小说结尾写道，"也许正是置身于这些片段之中，我们才能理解把他们弥合成一个整体的意义"。20世纪人类是从灾难中走过的，其中两次世界大战、频繁的种族冲突和惨绝人寰的大屠杀，更是成为影响至今的创伤历史。人们到底应该如何看待曾经发生过的种族屠戮事件？无论是德国大屠杀，还是澳大利亚历史上的种族屠杀都是整个人类历史的一部分，作为后代的我们怎么摆脱大屠杀带来的持久创伤影响？这些都是我们今天需要警醒的问题。米勒之所以将两者并写，是希望屠杀后代能像土著后裔一样，坦然豁达地直面历史，重构真相。意大利哲学家 B. 克罗齐（Benedetto

---

① 亚历克斯·米勒：《别了，那道风景》，第 185 页。
② 同上，第 236 页。
③ 同上，第 46 页。

Croce）认为"一切历史都是当代史"①，人们只有勇于正视历史，反思历史，才能避免灾难再次发生。

"对历史的理解，标志着一个人、一个民族、一个时代的风尚和意识。过去的历史，不在于它已经过去，而在于怎样理解过去，因为，对人而言，过去不仅过去了，而且现在仍然存在。"② 因此，如何面对过去种族矛盾的历史遗留问题是澳大利亚乃至整个世界都不可忽略的现实。米勒通过穿插静止的意向和流动的场景构建起小说的时空体空间，让无法亲历历史的奥托和道佳尔德，在故土上重温过去，在记忆中重构真相，从而达到真正意义上的和解。这不仅对当下澳大利亚民族和解带来新的启示与转机，对整个世界范围内屠杀历史下不同种族间的和解都有积极意义。

四、文本空间

约瑟夫·弗兰克（Joseph Frank）在《现代小说中的空间形式》中指出，小说中用来获得空间形式的常用手段有"并置、主题重复、章节交替、多重故事、夸大的反讽等"③。佐伦在一定程度上继承了弗兰克的思想，认为文本空间的构成主要受三方面的影响：文本的线性时序、语言的选择性及视角结构。《别了，那道风景》的文本空间在这三个方面将屠杀历史推向纵深，不仅构建了土著的梦幻空间，还反写了主流历史。只有正视历史，人类屠杀悲剧才不会延续。

首先，亚历克斯·米勒多次采用闪回的叙事手法，打破了行文的线性结构，凸显了小说的空间特质。爱妻威妮弗雷德的去世带走了奥托几十年来幸福的寄予之处。在绝望中，压抑了大半辈子的"共谋犯罪"的负疚感和沉重感使得奥托常常游离于现实之外，在梦境中寻求归属和安宁。小说一开始就有一段对奥托幻境中妻子——威妮弗雷德的描述，"她会伸出手指一边摸我的颈背，一边责备：你该收拾收拾了"。随后，小说又回到了线性叙事中，开始讲述奥

---

① Benedetto Croce, *History: It's Theory and Practice* (Sagwan Press, 2018), p. 89.
② 王跃川：《后殖民主义与新历史主义文论》，山东教育出版社，1999，第106页。
③ Joseph Frank, *The Idea of Spatial Form* (London: Rutgers University Press, 1991), p. 3.

托为学术讨论会做准备。而在奥托前往老图书馆的路途上，对妻子的记忆又席
卷而来。痛苦的回忆让他产生了轻生的念头。而后，在土著教授维塔的劝说下，
奥托放下了自杀计划，来到了维塔的叔父道佳尔德生活的小镇。由于自己的
过失导致道佳尔德农舍里的山羊意外死亡，奥托十分愧疚。在独自安葬山羊
时，他跌入了一片黑暗之中。这时候，小说又闪回到斯克鲁特大街的公寓里。
在那里，奥托正在读一本杂志，威妮弗雷德走进卧室时，他望着妻子光滑的
胳膊和肩膀入了神，思绪又回到了他们第一次相遇的时候。在大学图书馆里，
他站在楼梯平台痴痴地望着威妮弗雷德，直到她与他对视上。紧接着，记忆在
不同的时空穿梭，他在梦境里回到了他们的幸福时光。随后，黎明的亮光将
他从梦境唤醒，又回到了现实之中。在远征岭之旅中，奥托在跟随道佳尔德
寻找曾祖父的山洞时，不小心踩空掉到了灌木丛中，他睡了一觉。在睡梦中，
他看到了威妮弗雷德在凝视着他，还看到了父亲及吉卜赛女孩……而这一切伴
随着道佳尔德的呼喊很快又消失了。作者通过不断的闪回和梦境构建出现实与
记忆的交叉立体空间，这些来回跳跃的碎片式的闪回中断了文本的线性叙事，
扰乱了事件秩序，使过去与现在并置，使得同一故事线的叙事呈迂回曲折之势，
取得空间化的效果，同时也暗示了奥托依靠幻想应对生活，大屠杀历史的阴影
始终挥之不去。

其次，米勒在小说中还采取了虚实相间的叙事手法，呼应了澳大利亚原住
民至今仍将"梦幻"作为和先人沟通、获得神秘力量的方式。小说中梦幻与现
实的交融空间在作者对澳大利亚原住民武士戈纳帕领导的一场对白人殖民者的
屠杀的书写中最为明显。在《大屠杀》中，月色、晨雾、火光勾勒出土著梦幻
时代的画面。戈纳帕感觉到自己的灵魂与白人殖民者族长的灵魂融为一体，他
看到了白人族长在这片土地上开拓自己的家园。白人用土著祖先留在神圣运动
场上的石头来修筑高墙，迫使土著在自己的家乡变成了被放逐的人。而在梦幻
中，他认定自己和白人族长是兄弟，彼此亲切熟悉。但同时他也明白，对付这
一群亵渎并占领他们祖先留下的神圣的运动场的白人，不是你死就是我亡。戈
纳帕痛苦着、呼喊着，去守卫自己祖先的家园，"一个也不能让他活"[1]。他

---

① 亚历克斯·米勒：《别了，那道风景》，第178页。

体味着族长的思想、情感，甚至是他死去时的痛苦和回忆的所有细节。梦幻变成了现实，尽管充满悲伤，戈纳帕还是将长矛刺进了族长的骨盆。戈纳帕与族长的关系让人不禁联想到《圣经》里亚伯和该隐的故事。该隐杀害了亲兄弟亚伯后，被罚永远流亡。戈纳帕不愿意自己和族人"充满仇恨和耻辱，在自己的土地上过流亡者的生活"①，可是血腥的杀戮使他再也无法回到之前的生活，他只有将自己流放，离群索居，孤老一生。通过这种虚实相生的方式，米勒完成了对土著历史的重构，他希望人们能理解土著，今后可以明白自己和白人族长是兄弟的真正含义。原住民与白人殖民者之间的互相残杀，没有赢家，"杀死的人是另一个自己"②。在此，米勒也隐喻澳大利亚白人与土著必须学会和平共处，才能构建真正意义上的民族和解。

最后，小说叙事视角的变换也对其文本空间的建构有着重要的影响。小说采用第一人称视角，马克斯·奥托是主要的叙述者，在他的叙述中也穿插了维塔、道佳尔德的叙述。比如小说在叙述道佳尔德坦陈祖辈屠杀白人历史时，道佳尔德就变成了讲故事的人。他详尽地叙述了屠杀双方前前后后的想法，屠杀的因由、过程、结果，当地的风景，干活的场景等。此视角的转换凸显了道佳尔德一直在压抑自己的创伤，渴望有机会向人倾诉关于祖先的故事，并且希望有人可以帮自己记录这个故事，以便警示后人。而在《大屠杀》的文本中，小说视角又转换成了零视角，即传统的全知全述，但是其叙述者还是奥托。奥托将自己与戈纳帕融为一体，以一种"亲身参与"的方式写出了曾祖父戈纳帕保卫土著家园、反抗白人的屠杀历史真相。米勒通过这种非常规的内文本叙事角度，颠覆了澳大利亚社会主流话语，使得白人和土著后代得以了解历史真相。同时，也给澳大利亚社会如何建构屠杀记忆，还原历史真相带来启发，从而推进白人和土著后代和解进程。

无论是文本的线性时序还是叙事视角，或是独特的虚实相间的叙事策略，小说的文本空间都从不同角度展现了屠杀后裔的代际创伤阴影，揭示了屠杀是

---

① 张晓菲:《虚实、动静中的灵魂拯救之旅——评亚历克斯·米勒〈别了，那道风景〉》,《枣庄学院学报》2013 年第 6 期，第 60 页。

② 亚历克斯·米勒:《别了，那道风景》，第 182 页。

全人类的悲剧，而逃避屠杀历史只能使痛苦延续；只有正视历史，正视人类犯下的罪行，才能避免屠戮同类的悲剧再次上演。

五、结　语

米勒在《别了，那道风景》的创作中大量地运用了空间因素。在地志空间的层面上，中心与边缘的空间比照折射出了土著人的生存空间困境，无法回归故土的精神折磨及白人与土著空间的二元对立，从而揭示了只有打破固定的对立空间，构建真正意义上的种族平等空间，才能解决土著的他者化境遇，促进土著和白人和谐共处。在时空体空间的层面上，作者聚焦于静止的意象和变化的空间，在特定的时空体内书写土著历史，还原真相，从而超越了创伤记忆，达成了现实与过去的和解。在文本空间的层面上，米勒通过转换视角、运用闪回、虚实相间等叙事策略建构起文本空间，呼吁人们反思过去，直面历史。总之，米勒在《别了，那道风景》中将空间书写和小说叙事糅合在一起。通过多层次的空间维度进行叙事，米勒揭示了白人和土著只有正视历史，积极与过去和解才能达成真正意义上的民族和解。

《乘战车的人》中的苦难叙事
与共同体想象

黄蕊 ^①

摘要： 澳大利亚文学巨匠帕特里克·怀特在其长篇小说《乘战车的人》中以四位主要人物的苦难经历为叙述主线。通过剖析这些边缘人物的内心世界，诉说他们所经历的苦难，进而展现历史对这些边缘人物所施加的影响。四位被社会所抛弃的边缘人物为了消解苦难而在精神上成为一体的举动就是精神共同体建构的真实写照，这一共同体以其成员共有的苦难经历为前提，以共同的精神追求为核心。《乘战车的人》中所体现的共同体想象为社会边缘人物摆脱精神焦虑、表达自我及建构主体身份提供了可能性。小说人物消解苦难、获得救赎的经历也给现代文明中处于精神危机的每一个体传达重要启示：苦难是人生的重要部分，不惧苦难，超越自我，方能收获幸福。

关键词： 帕特里克·怀特；《乘战车的人》；苦难；精神共同体

一、引　言

作为澳大利亚首位且唯一一位荣获诺贝尔文学奖的作家，帕特里克·怀特（Patrick White）无疑是澳大利亚文学史中一颗璀璨的明珠。正如诺贝尔奖的颁奖词所述，怀特擅长刻画人物心理活动，其笔下的人物多为处于社会边缘，被社会排斥的他者，他们中的大多数为移民、土著、神秘主义者和狂人。怀特

---

①　黄蕊，安徽大学外语学院 2021 级硕士研究生，研究方向为澳大利亚文学。

通过深入这些边缘人物的内心世界，诉说他们所经历的苦难，进而展现历史对这些边缘人物所施加的影响。《乘战车的人》（*Riders in the Chariot*）就是这一典型，该小说以第二次世界大战后的澳大利亚为背景，讲述了四位深受苦难折磨的社会弃儿最终消解苦难、建构自我并获得救赎的故事。

《乘战车的人》一经出版就在澳大利亚国内外的文学研究与批评领域引起了热烈讨论。当前学界对《乘战车的人》的研究主要集中于小说所体现的苦难超越主题、宗教思想、悲剧性，以及怀特叙事手法的应用。例如：外国学者加文·德科斯塔（Gavin D'Costa）基于怀特的宗教观，从基督教或世俗非宗教视角出发对文本进行解读，并继而提出了苦难的普遍性及其救赎价值观点。[①] 南开大学的王培根教授基于怀特在《乘战车的人》中变幻莫测的意识流手法剖析四位边缘人物的内心独白，并进一步分析了个体与个体及个体与社会在特定历史背景下的情感与联系。[②] 上海海关学院的吴宝康教授认为，小说主要人物的苦难经历证实了怀特关于苦难对于救赎必要性的论述，更创造性地提出小说人物的悲惨命运来源于现代社会中压制个人的非人性力量，小说中的四位边缘人物都是社会环境的受害者。[③] 以上研究在一定程度上有助于增强读者对怀特作品中苦难主题、宗教观，以及艺术手法的认知，但同样存在着缺乏对小说人物消解苦难途径的深层探索这一局限性。通读文本，笔者认为小说中所体现的共同体思想更加有助于理解小说中的苦难叙事及其超越途径。《乘战车的人》中的四位主要人物虽然生活在不同的区域，肤色、阶级各有差异，但是这四位"被烧伤的人"并没有对他人的苦难熟视无睹，而是在彼此之间的情感关怀与精神共鸣中日益连成一个整体，即建构了精神共同体。

精神共同体是共同体的一种形式，德国社会学家斐迪南·滕尼斯（Ferdinand Tönnies）在其著作《共同体与社会》（*Community and Civil Society*）中丰富了

---

① G. D'Costa, "Atonement and the Crime of Seeing: Patrick White's Riders in the Chariot", *Literature and Theology*, no. 2 (June, 2007), pp.162–179.

② 王培根：《书为心画，言为心声——评怀特和他的〈乘战车的人〉》，《齐齐哈尔师范学院学报（哲学社会科学版）》1996 年第 6 期，第 38 页。

③ 吴宝康：《论怀特小说的悲剧意义研究》，博士学位论文，华东师范大学，2004，第 22 页。

共同体这一哲学及社会学在探讨国家及社会治理模式方面的热点概念。滕尼斯认为："共同体的类型主要是建立在自然的基础之上的群体（家庭、宗族）里实现的，此外，它也可能在小的、历史形成的联合体（村庄、城市）及在思想的联合体（友谊、师徒关系等）里实现。共同体的本质是一种持久的和真正的共同生活，是一种原始的或者天然状态的人的意志的完善的统一体。"①滕尼斯将共同体分为三种类型：地缘共同体（Community of place）、血缘共同体（Community by blood），以及精神共同体（Community of spirit）。其中精神共同体由地缘共同体发展而来，它是真正的人和最高形式的共同体，它指的是"具有共同信仰，共同价值追求的人们为了满足主体心理、情感、意志等精神方面的需要所结合起来的共同体"②。精神共同体有以下特点："首先不同于血缘共同体有家作为共同的生活场所，地缘共同体有村庄作为共同的生活场所，精神共同体的存在不取决于共同的生活场所。其次精神共同体的联结纽带是志同道合的同志情谊。共同体成员是'信仰上的教友'，他们为共同的事业而工作。"③

《乘战车的人》中四位苦难承受者为了消解创伤与苦难的阴霾建构了精神共同体，这一共同体以其成员共有的苦难经历为前提，以共同的精神追求为内核表达了共同体成员在苦难的磨砺下追寻自我表达，渴求救赎的美好愿景。

二、苦难叙事：精神共同体建构之前提

苦难是人生常态，正如叔本华（Schopenhauer）在《论世间苦难》（*On the Suffering of the World*）中所论述的："个别的不幸是偶发事件，但不幸就总体而言是定则。"④苦难和创伤对于亲历者的影响会伴其一生，身体上的伤口

---

① 斐迪南·滕尼斯：《共同体与社会》，林荣远译，商务印书馆，1999，第3页。
② 肖红军、秦在东：《精神共同体及其形成路径探析》，《学术论坛》2011年第6期，第32页。
③ 韩洪涛：《简论西方社会的精神共同体思想》，《郑州大学学报（哲学社会科学版）》2010年第4期，第99页。
④ 叔本华：《论世间苦难》，刘彤译，中国对外翻译出版社，2010，第1页。

可以随着时间慢慢愈合，但是精神创伤所带来的心理问题却难以治愈，因此如何面对苦难、超越苦难成为社会各界共同关注的问题。在文学板块，作家通过苦难叙事手法将主人公所受的苦难与记忆、历史、伦理、身份、共同体等因素相联系，在揭示其苦难经历成因的同时探究消解苦难、实现救赎的途径。

怀特在《乘战车的人》中以主要人物的苦难经历为主线展开叙述，成员之间共有的苦难与创伤体验构成了精神共同体成形的前提。怀特深受欧美现代主义写作风格及弗洛伊德精神分析理论影响，在写作上并没有采取其同时代作家所采用的现实主义手法。相反"他认为作家应该提高生活，给人以启迪，不应只记录人们早已熟知的事物，而传统的现实主义文学只不过是'沉闷乏味的现实主义的产物'罢了，其作品远离艺术，只拘泥于表面的真实，缺乏深度和力度，不足以反映瞬息万变的大千世界。他主张去探索人的精神世界，通过对现代人内心的刻画来反映纷繁复杂的客观现实"①。因而不同于传统现实主义作家的叙事模式，怀特通过苦难叙事这一特殊视角深入剖析主人公的内心世界，并试图通过他们的故事向世人传递某种真理。除了《乘战车的人》，怀特的其他小说例如《人树》（*The Tree of Man*）、《树叶裙》（*A Fringe of Leaves*）、《沃斯》（*Voss*）都是以苦难为主题，通过将主人公的苦难经历置于特定的历史背景，进而探究历史在影响、塑造和启迪人物中所起的作用。

"苦难通常指外在突发的情况或不可控力量，比如自然灾害、战争动乱、疾病生死等因素所造成个人层面上身体的伤害、精神的痛苦和悲伤，或者是社会层面的集体创伤。"②苦难依据承受主体的不同可划分为民族苦难和个体苦难，"民族国家苦难是指国家所遭遇的战争、政治动荡等重大危机，在这种苦难之下每一个民众个体面临着生存的挑战，生命被置于暴力之中。个体苦难是指人在日常生活中遭遇的种种不幸，这些不幸同样冲击着个体的身体和心灵，给个体留下深重的创伤"③。民族国家苦难与个体苦难共存于《乘战车的人》中，

---

① 帕特里克·怀特：《乘战车的人》，王培根译，浙江文艺出版社，2021，第641页。
② 安钏溧：《谭恩美小说中的基督教与移民华裔的苦难描写》，硕士学位论文，汕头大学，2021，第9页。
③ 杨明萌：《卡勒德·胡赛尼的苦难叙事研究》，硕士学位论文，西华师范大学，2021，第7页。

分别表现为西梅尔法布（Himmelfarb）和阿尔夫·杜博（Alf Dubbo）因为特殊的民族身份所遭受的苦难，以及玛丽·黑尔（Mary Hare）与戈德波尔德太太（Mrs. Goldbold）在异样家庭空间中所遭受的个体苦难。

（一）民族苦难阐释

民族赋予它的民众以身份，打上民族烙印的每一个个体都无法脱离民族的羁绊而独善其身。

《乘战车的人》中主要人物所遭受的民族苦难分为内外两个层面。外部层面表现为外来移民，尤其是犹太移民在澳大利亚主流群体的排斥与孤立中所遭受的苦痛，对内则表现在澳大利亚白人对土著的迫害。因为澳大利亚白人狭隘的种族政策，犹太移民与土著黑人在白人群体中无所适从，饱受苦难与创伤。

犹太少年西梅尔法布曾被视作民族的希望，但是随着种族主义的兴起，犹太身份由昔日的荣耀变成苦难的象征。德国国内的种族歧视和反犹主义随着希特勒上台执政及第二次世界大战的开展而愈演愈烈，成千上万的犹太人被纳粹拉到集中营集中屠杀，整个犹太民族在种族歧视者的暴力之下奄奄一息。身处其中的西梅尔法布虽侥幸逃脱，但是背负"大屠杀幸存者"身份的他始终无法与自己和解，终身生活在无尽的愧疚之中。侥幸逃离纳粹屠杀的西梅尔法布最终选择来到澳洲。

被西梅尔法布视为理想之地的澳大利亚接收犹太难民的历史可以追溯到建国初期。基于国内自身发展及其他一些合理的因素，澳大利亚一直是世界上少有的几个大量接收犹太难民的国家。二战期间，随着希特勒对犹太人的迫害日益加深，犹太人再一次进入了大流散时期，逃亡到世界各地。"澳大利亚在1938—1940 年期间约有 9000 名波兰犹太人被准许进入澳大利亚。但是那些从德国、奥地利、匈牙利移居澳大利亚的犹太人却因来自交战国而被视为'敌对的外国人'，这些犹太人必须到当地的警察局注册登记，并责令他们及时通报其在住地以外的行踪。"① 国家对犹太人的处理政策得到澳大利亚民众的响应，他们通过形成关于战争的集体记忆将自身设置为战争的受害者，将交战国人民

---

① 王方：《论澳大利亚犹太人的历史变迁》，《西北大学学报（哲学社会科学版）》2017 年第 6 期，第 169 页。

视为加害者。加害者与受害者之间二元对立关系的确立有助于将他们设置的用于处理与外来移民之间关系的伦理秩序正义化。因此某些自诩正义的澳大利亚民众对来自德国的西梅尔法布采取孤立、对立的态度。已经微小如蝼蚁般的西梅尔法布在巴兰纳格利（Barranugli）的自行车灯厂默默地做着钻孔的活计，但是以布卢（Blue）为代表的澳大利亚白人始终针对他。

自诩为战争受害者的白人群体在逾越节那天将德国犹太移民西梅尔法布举起，将他绑到树上。面对周围人群的谩骂，西梅尔法布没有哭闹，平静接受周围一切的同时期盼着上帝的救赎。遍体鳞伤的犹太移民西梅尔法布最终在耶稣受难日的早晨离开人世，他因特殊的民族身份而饱受厄运的折磨，但是澳大利亚主流群体对外来移民的排斥及狭隘的种族歧视态度是造成其死亡的罪魁祸首。

《乘战车的人》中澳大利亚白人深入骨髓的种族优越感及种族歧视态度不仅表现为对外来移民的孤立，还对内表现在对澳大利亚土著同胞的压制与迫害。为了达到种族纯洁的目标，澳大利亚政府于 1901 年将白澳政策（White Australia Policy）作为基本国策。"白澳思想指导着澳大利亚白人殖民者，他们固执地把澳洲建成一个以英国移民后裔为主、种族纯洁与文化同质的纯白种人国家，它否认了土著在澳大利亚社会存在的可能性，没有在这个新国家里给土生土长的土著人留下任何空间，这一理念长期影响澳大利亚政府对土著的态度和政策。"[1] 例如，"1910 年，澳大利亚通过一项政策，以改善土著儿童生活为由，规定当局可以随意从土著家庭中带走混血土著儿童，把他们集中在保育所等处，接受白人文化教育。他们稍大一点被送到女童和男童收养营；另一些肤色较浅的孩子则被送到白人家中收养"[2]。这些被迫远离家人的土著儿童被称为"被偷走的一代"（The Stolen Generation），他们的身体与心理都遭受了巨大的创伤。因此，当生父不详、生母是土著女人的阿尔夫·杜博还是个乳臭未干的毛孩子时，就被英国圣公会纳姆伯拉教区长的蒂莫西·考尔德伦牧师

---

[1] 杨洪贵：《澳大利亚多元文化主义研究》，西南交通大学出版社，2007，第 109 页。
[2] 罗文彦：《错位的文化——从"被偷走的一代"看澳大利亚的文化特征》，《名作欣赏》2012 年第 5 期，第 144 页。

和他的寡妇姐姐帕斯克太太收养，并接受他们的教育与规训。但是属于"被偷走的一代"的杜博在白人社区里找不到归属感。被迫与土著文化割裂的他既无法以土著的身份书写自我，也无法融入白人世界。处于自我分裂境地的杜博只能将自己的思绪集中于绘画创作，企图在绘画中建构主体身份。

绘画本质上是画家通过画笔表达自己思想与情感的活动。杜博在帕斯克太太的指导下拿起画笔作画，那些被监护人斥作下流的画作实际上是杜博作为土著黑人在白人世界成长所陷入精神困境的真实写照。画作上杂乱的线条、夸张的色彩映射着杜博的内心。与白人监护者之间微妙的关系、严苛的规训，以及对杜博自我表达的否定使得杜博最终选择逃离监护人，前往悉尼追寻自由。

但是悉尼也不是其可以自由创作的天堂。"丧失了民族特性和归属感的他们如同夹在两个世界之中，一面是白人文化生活中的各种潜规则，一面是已经陌生遥远的传统民族文化。一些人为了麻痹自己，深陷滥用药物和暴力中不可自拔，更加成为社会上被排斥的群体。"[1]初涉悉尼的杜博因为尴尬的夹心身份无法给自己的艺术追求提供足够的经济基础。为了麻痹自我，纾解苦痛，杜博一度放纵自我。他找过妓女，染上过梅毒，沉溺于纵欲与酒精里的杜博因此被白人所主导的社会更加排斥。寄居在妓女汉娜家中的杜博，为了打发无数精神焦虑的夜晚，选择通过绘画寻找自我，倾注其全部情感与思想的画作就如同杜博建构的世界上的另一个自己。因此，之后画作的消失对他来说就如同肉体与灵魂的分离，没有灵魂的身体就是行尸走肉，没有朝气亦没有希望。杜博体内土著文化与白人文化的相互冲突使其在社会中无所适从，最终他在倾注全部心血完成最后一幅画后，赫然离世。少年杜博被迫离开土著家园，接受白人文化，但是强制灌输于他的白人价值观与早已扎根其内心的土著文化相互冲突，难以融合，以致其在社会中饱受煎熬。

民族在赋予西梅尔法布及杜博生命与身份的同时，也给依附民族之下的他们带来了无尽的苦难。与民族命运紧密相连的他们因为民族的厄运而游荡在世界各地，努力寻找生存的方式。

---

① 罗文彦：《错位的文化——从"被偷走的一代"看澳大利亚的文化特征》，第 145 页。

（二）个体苦难阐释

家庭、婚姻、工作等社会活动中所受的苦难都可以归为个体苦难，这些苦难折磨着个体的身体与心灵并带来难以愈合的创伤。

玛丽·黑尔的苦难来源自原生家庭。卡伦·霍妮（Karen Horney）曾在《我们时代的神经症人格》（*The Neurotic Personality of Our Time*）中论及父母对儿童性格形成的影响。霍妮认为，"父母不良的态度和行为会使儿童心中产生对父母的敌意，即基本敌意。但由于儿童的无助感、恐惧感、内疚感，他必须压抑自己的敌对心理。这样儿童就会陷入既依赖父母又敌视父母的不幸处境之中，压抑基本敌意的心理后果就会使儿童产生基本焦虑，这种敌意和焦虑都会投射、泛化到外部世界，使儿童觉得整个世界充满着危险和潜在的敌意，在这个世界中儿童深感自己内心的孤独、软弱、无助"[1]。处于威严父权及家长制空间下的黑尔无法从家庭中获得温馨的情感体验，父母的态度和异样的家庭氛围造成了黑尔孤僻怪异的性格。作为黑尔夫妇的女儿，玛丽的样貌不符合父母的期待，因而总是被父母甚至家里的佣人忽视，而"忽视本身无疑就是一种创伤"[2]。被他人的有意忽视加之随之而来的失语使得黑尔本就脆弱的心灵被打上家庭创伤的沉重烙印。

如果黑尔是苦难的亲历者，那么管家乔利及弗兰克太太之流就是其苦难的加重者。与乔利在一起生活的时光不仅没有治愈黑尔，反而加重她的创伤与心理疾病，乔利对黑尔父亲死亡的有意提及不断刺激着黑尔的创伤记忆，使其回想其父死亡之前的恐怖景象，因而始终无法摆脱创伤的阴霾。再者，乔利及弗兰克太太对黑尔生活无孔不入的窥探与干涉使得黑尔的精神不断衰弱。最终曾经辉煌至极的赞那杜轰然倒塌，黑尔也魂归他乡。

与黑尔承受相似家庭苦难的还有戈德波尔德太太。戈德波尔德太太，闺名鲁斯·乔伊纳，由于母亲早亡，鲁斯很早便以长姐之名代行母亲之职，伦理身

---

① 刘启珍：《试论霍妮对弗洛伊德的继承与批判》，《湖北大学学报（哲学社会科学版）》2002 年第 5 期，第 105 页。

② Ruth Cohn, *Coming Home to Passion: Restoring Loving Sexuality in Couples with Histories of Childhood Trauma and Neglect* (Santa Barbara: Praeger, 2011), p. 33.

份的错位使其尝尽与其年龄不符的辛酸与苦痛。弟弟发生意外事故时自己的无能为力和父亲的续弦举动加重了鲁斯的精神困惑，多年伦理身份的错位更是使其陷入伦理困境的漩涡。聂珍钊教授认为，"伦理困境指文学文本中由于伦理混乱而给人物带来的难以解决的矛盾与冲突。伦理困境往往是伦理悖论导致的，普遍存在于文学文本中。伦理困境有多种表现形式，例如伦理两难就是伦理困境的主要表现形式之一"①。面对生活中接二连三的事故与打击，鲁斯在家庭空间中无法协调作为父亲的女儿及弟弟妹妹们的"母亲"的双重伦理身份。

为了走出困境，纾解苦痛记忆，鲁斯逃离原生家庭将希望寄托于婚姻。她不顾他人的劝诫，毅然决定嫁给一贫如洗的运冰人汤姆（Tom Goldbold），但是婚姻不似爱情那般浪漫与甜蜜。"婚姻是促使恋爱双方从理想主义阶段转向现实主义阶段的重要助推力量。"②一旦步入婚姻，恋爱中的激情与甜蜜将被现实中的纷繁琐事所取代，而完美的婚姻则需要夫妻双方共同付出，共同维系。然而鲁斯是不幸的，与汤姆成婚之后，他们虽然同吃同住，但是作为妻子的鲁斯始终进入不了丈夫的内心，他们虽然有着肉体的结合但在精神上相分离。逃避一切责任的汤姆也不是鲁斯可以依靠的对象，相反，他对鲁斯的身体暴力及冷暴力不断加重着鲁斯的苦痛体验。

"对于人类而言，空间是一种心理需要，是一种社会特权，甚至是一种精神属性。"③但是对于黑尔和鲁斯来说，因为非正常的亲子或者夫妻关系而造就的异样家庭空间并不是慰藉心灵的庇护港湾，反而是他们苦难的源头，致使他们逐步陷入精神困境的泥沼。

无论是作为大屠杀幸存者及"被偷走的一代"所承受的民族所赋予的苦难，抑或是家庭与婚姻所带来的个体苦难，这些边缘人物的苦难经历真实地映射了历史、伦理、文化对人物命运的塑造与改写。四位"他者"共有的悲惨命

---

① 聂珍钊：《文学伦理学批评导论》，北京大学出版社，2011，第258页。

② 胡莎：《论爱情、婚姻的伦理内涵与伦理本质》，《牡丹江大学学报》2010年第10期，第21页。

③ 段义孚：《空间与地方：经验的视角》，王志标译，中国人民大学出版社，2017，第47页。

运及其所引起的强烈共鸣，将他们有机联系的同时也为精神共同体的成形提供了依据。

三、共同的精神追求：精神共同体建构之内核

怀特擅长书写苦难，但是对苦难的揭示不是其书写的最终目的。"他的作品不着重情节的构筑，而是将笔触探入人物的心灵深处，从心理剖析入手，表现人际的关系，揭示人物的灵魂，引发人们对那个社会的思考。"[①] 20 世纪五六十年代的澳大利亚资本主义迅速发展，但是这一阶段，"昌明的科学技术淡化了人们的宗教信仰，资本主义发展带来消费主义的盛行，机器文明背后是人们日益激烈的生存竞争和愈加尖锐的社会矛盾，澳大利亚人在享受富裕物质生活的同时尝到了精神危机的苦果"[②]。身为社会问题的观察者，怀特敏锐地察觉到澳大利亚人掩藏在物质繁华下的精神空虚。作为上帝忠实的信徒，他坚信："我们每个人都有宗教信仰，不管他承认与否。我相信上帝确实存在，我相信神力，相信造物主的存在，相信他们干预人类的生活。"[③] 对怀特而言，上帝是真理的象征，信仰上帝的人可直接与上帝对话而填补内心及精神上的空虚，并通过感受上帝投射至其心灵深处的精神慰藉而获得救赎。因此怀特坚信处于精神荒漠的澳大利亚人需要精神食粮的补充和信仰的力量。

《乘战车的人》中的四位主要人物置身澳大利亚谋求生存，他们深受社会影响却无法与其完全割裂，这使得他们同样具有精神危机。他们因为特殊的民族身份或者家庭背景被主流群体排斥，民族与家庭在带给他们苦难的同时也造成了个体自我表达的失败及身份认同危机。

深受纳粹灭族主义政策迫害的西梅尔法布将大洋彼岸的澳大利亚作为治愈内心伤痛的不二之地，但是同时拥有"从战争发起国来的移民"和"犹太人"这两个复杂的身份使得他在澳大利亚饱受欺辱。陌生的环境加之有意的排斥

---

① 帕特里克·怀特：《乘战车的人》，第 641 页。
② 彭青龙：《百年澳大利亚文学批评史》，北京大学出版社，2019，第 82 页。
③ Patrick White, *Patrick White Speaks* (London: Jonathan Cape, 1990), p.46.

与孤立，西梅尔法布自我认同感逐步消退，从昔日风光的教授逐步降格为自行车灯厂员工，在澳大利亚艰难生存。杜博虽然从小被白人收养，接收白人的教育，但是澳大利亚白人与土著之间的矛盾与对抗使得杜博难以平衡体内两种文化的交锋，从而无法在社会中寻觅到归属感与认同感。玛丽·黑尔家人的有意漠视造就黑尔孤僻怪异的性格，异样的家庭氛围使得黑尔长期自我封闭，难以建构身份。戈德波尔德太太早期伦理混乱的原生家庭导致其无法确认真实伦理身份，后期与丈夫貌合神离的婚姻生活更是造成其精神层面上自我的无处释放。

这四位在社会中无所适从的苦难人虽饱受欺凌但内心深处蕴藏着寻觅自我，建立主体身份的共同精神追求。拥有共同信仰的他们因战车而相识相知，战车意象在小说中共出现四次，"那是一辆由八匹木马拉着的，停在通往阿波罗的小径上的小巧玲珑的小木车，带着如火炬般的一条条飘带，车上是四个隐约可见的木制神人，他们都直挺挺地坐在小巧玲珑的战车里，战车腾云驾雾，驶向神殿的大门"①。早在"犹太教传说中，希伯来先知以西结曾在幻觉中见到四位长有双翼的使者被一阵狂风送往人类向往的远离苦恼、忧患的精神家园"②。战车意象在小说中象征着历经苦难之后的光明与美好，它对这四位饱受苦难的社会弃儿意义非凡。战车给这些边缘人物的脆弱心灵提供了附身之地。它在串联共同体成员的同时，也以其强大的精神力量慰藉这些"被烧伤的人"，帮助他们消解苦难与创伤的阴霾，实现救赎。

共同体成员脑海中的战车想象，以及对自我身份建构的共同追求构成了精神共同体的内核，它激励着共同体成员们团结一致，并最终帮助他们消解苦难与创伤，在获得救赎的同时成功地实现了对自我的追寻与表达。被视为犹太民族"救世主"的西梅尔法布在犹太哲学书籍中看到了对于信仰及战车的描述。在深受种族歧视困扰，并因在澳大利亚社会找不到自我位置而精神焦虑的夜晚，西梅尔法布通过研究这些犹太圣典抚慰心灵，并踏上治疗精神创伤的巡礼。最

---

① 帕特里克·怀特：《乘战车的人》，第408页。
② Ingmar Bjorksten, *Patrick White: A General Introduction* (Queensland: University of Queensland Press, 1976), p.73.

终，饱受苦难折磨的西梅尔法布在精神共同体成员的共鸣与支持中成功建构了自我。在黑尔患肺炎时，她和戈德波尔德太太就谈论过有关战车的事，戈德波尔德太太的默认使得战车成为她们两个之间秘而不宣的隐私，此后在与西梅尔法布的交谈中更是加深了黑尔对战车救赎功能的坚信。生活中无处发泄的黑尔将自我充分表达在自然万物中，并最终与自然融为一体。杜博在年少时曾目睹过的战车画作令他终身难忘，画中四个隐约可见的人物坐在小巧玲珑的战车里，战车上的犹如火光的一条条飘带就像精神火种震撼了杜博的心灵。在他之后漫漫的艺术生涯中，那幅画始终留在其脑海中。他将自己的奇思妙想都映射到画作中，最终用生命建构自我，创作出了"战车上的乘客"。戈德波尔德太太有着坚定的信仰，每每想到战车，她都能感受到仁爱和慈善的翅膀的触动，她与精神共同体的成员们虽然生活在不同的地区，却有着精神上的交流与共鸣，在那儿她将自己无私的爱毫无保留地给予共同体的每一个成员，她就是圣母玛丽亚在人间的化身。作为精神共同体中唯一活下来的人，戈德波尔德太太仍然稳稳地站在那片带给他们苦难的土地上，在信仰的照拂下继续生活。

《乘战车的人》中的四位主人公从陷入精神危机到最终实现共同追求的过程，体现了怀特对澳大利亚精神荒漠所引发社会问题的不满和思索。对于怀特来说，信仰不只是一个空洞的存在，它可以为处于精神危机的人们提供心灵上的慰藉，并帮助他们摆脱困境，找到自我。小说中的四位边缘人物在处于精神危机的时刻，正是通过对自我身份的渴求，以及对上帝的忠实信仰而在精神上连成一体。最终这四位饱受苦难的边缘人在强大精神力量的支持下消解了苦难，并在实现救赎的同时成功地建构了主体身份。

四、结　论

澳大利亚文学巨匠帕特里克·怀特在《乘战车的人》中描绘了几位被澳大利亚社会所抛弃的边缘人物。他们因为民族的羁绊或者家庭的禁锢深受歧视与排斥，在澳大利亚社会中找不到自己的位置，无法表达自我及建构主体身份。战车作为小说主要人物的共同想象将他们有机联系起来。为了战胜苦难，四位社会弃儿选择摒弃差异，抱团取暖并建构了精神共同体。这一共同体以成员的苦难经历为前提，以共同的精神追求为核心。精神共同体成员彼此之间的情感关怀及精神上的共鸣帮助他们最终战胜苦难，踏上战车。而他们在救赎自我的同时也实现了共同的精神追求即成功地建构了自我。《乘战车的人》中体现的共同体想象为社会边缘人物摆脱精神焦虑、获得精神慰藉提供了可能性。小说人物消解苦难、获得救赎的经历，也给现代文明中处于精神危机的每一个体重要启示：苦难是人生的重要部分，不惧苦难，超越自我，方能收获幸福。

新西兰文化研究

中国向新西兰请求刑事司法协助的
经验、障碍和对策

高一飞[①] 曾晓斌[②]

摘要： 中国向新西兰请求刑事司法协助的依据包括倡导性国际文件、共同加入的国际公约、双边条约《中新刑事司法协助条约》、两国国内的刑事司法协助法律。中国向新西兰请求刑事司法协助已经取得一定成果，"百名红通人员"中的 11 名逃往新西兰或者以新西兰作为外逃中转站的人员中已有 4 人归案。中国向新西兰请求刑事司法协助成功的经验包括：以劝返替代引渡成为追逃的主要手段、通过成功追赃促使在逃人员回国自首、加强国际刑事警察组织框架内的国际警务合作。中国向新西兰请求刑事司法协助主要还存在新西兰对中国司法的偏见和误解、中国与新西兰刑事司法协助体系不健全、中国与新西兰缺少犯罪资产分享机制等障碍。中国向新西兰请求刑事司法协助的推进对策是推动签订中国与新西兰引渡条约、刑事诉讼移管条约、犯罪资产分享协定，完善我国量刑承诺制度解决引渡中的死刑障碍、多措并举推进在新西兰的劝返措施。

关键词： 中国－新西兰；刑事司法协助；追逃追赃；引渡；劝返

中国和新西兰自 1972 年建立外交关系以来，两国在政治、经济、文化等领域长期保持着良好合作关系。近年来，中新两国经贸往来日益密切，中国已

---

① 高一飞，广西大学法学院二级教授、博士生导师。
② 曾晓斌，法学硕士，现任广西南宁市青秀区人民法院民二庭副庭长。

成为新西兰最大贸易伙伴。① 2008 年签署的中新自贸协定，是中国与发达国家签署的第一个自贸协定。2016 年 11 月，双方启动自贸协定升级谈判，并于 2019 年 11 月完成升级谈判。2020 年 11 月，中国与新西兰共同签署了《区域全面经济伙伴关系协定》（RCEP），2022 年 1 月 1 日《区域全面经济伙伴关系协定》（RCEP）正式生效，文莱、柬埔寨、老挝、新加坡、泰国、越南等六个东盟成员国和中国、日本、新西兰、澳大利亚等四个非东盟成员国正式开始实施协定。② 2023 年，中国和新西兰已经建交 51 周年，中新关系正在朝互利共赢的方向发展。

但在另一方面，新西兰也是我国刑事案件的犯罪嫌疑人和被告人所选中的外逃主要目的地之一。以反腐败追逃追赃中的刑事外逃人员为例，自从发布"百名红通人员"以来，中国中央追逃办分别于 2017 年 4 月和 2018 年 6 月发布了《关于部分外逃人员藏匿线索的公告》以及《关于部分外逃人员有关线索的公告》，向社会通报了未归案的"百名红通人员"藏匿线索。③ 公告对外逃人员形成强大震慑，国内的群众及海外的华人华侨反应强烈，积极向中央追逃办提供外逃人员的线索、协助查找外逃腐败分子的下落，甚至配合相关执法人员开展劝返工作。2018 年 8 月 23 日，国家监察委员会等五个部门联合发布《关于敦促职务犯罪案件境外在逃人员投案自首的公告》④，该公告刚柔并济，既向外逃的腐败分子发出最后通牒，并彰显了中国"有逃必追、一追到底"的鲜明立场和坚定决心，又贯彻落实了宽严相济的刑事政策，敦促外逃腐败分子尽快回国投案以争取宽大处理。从归案情况上来看，外逃至新西兰的 11 人中，现只有云健、

---

① 郭磊：《综述：中国—新西兰自贸协定升级给中新贸易带来更多实惠》，中国政府网，http://www.gov.cn/xinwen/2022-04/17/content_5685675.htm，访问日期：2022 年 1 月 1 日。

② 商务部：《〈区域全面经济伙伴关系协定〉（RCEP）于 2022 年 1 月 1 日正式生效》，中国商务部，http://www.mofcom.gov.cn/article/syxwfb/202112/20211203233822.shtml，访问日期：2023 年 3 月 5 日。

③ 中央纪委国家监委：《中央反腐败协调小组国际追逃追赃工作办公室关于部分外逃人员有关线索的公告》，中央纪委国家监委网站，2018 年 6 月 7 日，https://www.ccdi.gov.cn/gzdtn/gjhz/201806/t20180607_23367.html，访问日期：2023 年 3 月 5 日。

④ 中央纪委国家监委：《切勿错失机会，尽快投案自首》，中国最高人民检察院网站，2018 年 8 月 23 日，https://www.spp.gov.cn/zdgz/201808/t20180823_389450.shtml。

闫永明、胡玉兴、蒋雷四人归案，且归案时间集中在 2019 年以前，目前尚有陈兴铭、肖斌、程三昌、虞泰年、孙燕、刘全洲、宣秀英等七人未归案。[①]现在留下的都是难啃的"硬骨头"，中国在新西兰追逃追赃难度变大。

为了加强国际刑事司法协助，维护区域的稳定发展，中国和新西兰在互相尊重国家主权的前提下，践行平等互惠原则，通过友好协商、增进互信，建立起健全的刑事司法协助机制，不断拓展刑事司法协助的广度和深度，其成果、经验和问题都值得关注。刑事司法协助是双向的，既包括新西兰向我国请求刑事司法协助，也包括中国向新西兰请求刑事司法协助，本文只研究其中的一面，即中国向新西兰请求刑事司法协助的依据、成果和经验，并分析其中存在的问题，提出完善建议。

一、中国向新西兰请求刑事司法协助的依据

中国与新西兰共同加入的国际刑事公约、中国与新西兰签订的双边刑事司法协助条约，以及中国、新西兰各自的国内法成为中国向新西兰请求刑事司法协助的主要依据。同时，中新共同签署发表的倡导性宏观指导文件也在无相关法律依据的情况下为中国向新西兰请求刑事司法协助提供了开展个案合作的依据。

（一）倡导性国际文件

中国与新西兰共同参加的、可以促进刑事司法协助的倡导性国际文件主要体现在反腐败国际合作领域。

近年来，随着各国反腐败国际合作的不断加深，中国与新西兰共同加入的区域经济合作组织、国际经济论坛都将提倡加强反腐败国际合作、建立反腐败多边机制作为重要议题，并发布了一系列反腐败的倡导性指导文件。倡导性指导文件缺乏法律强制效力，因此，中国与新西兰依据这些文件开展的刑事司法协助合作有赖于新西兰的配合程度。

---

① 数据是作者根据中央纪委国家监委网"国际合作"栏目（https://www.ccdi.gov.cn/gzdtn/gjhz/）的全部报道统计得出。

　　自 2014 年以来，中国开展了以"天网行动"等为代表的反腐败境外追逃追赃专项行动，使得中国在反腐败领域的国际声誉日益提高，反腐败的国际话语权逐步增大。2014 年 11 月，亚太经济合作组织（APEC）[①]第 26 届部长级会议发布了中国主导起草的《北京反腐败宣言》。《北京反腐败宣言》"鼓励成员经济体在适当情况下签署、缔结双边引渡条约和司法协助协定，并效法成功范式推进双边反腐败执法合作"[②]，为将来中国推动与新西兰开展引渡合作、缔结双边引渡条约，以及完善双边司法协助条约提供了契机，成为中国与新西兰之间进行刑事司法协助合作的倡导性宏观指导文件之一。

　　2010 年，二十国集团（G20）设立了反腐败合作机制。近年来 G20 各国在司法协助、反腐败追逃追赃、犯罪资产返还等方面不断加深合作，构建多边反腐败合作网络，拒绝为腐败官员提供"避罪天堂"。2016 年，G20 杭州峰会通过了由中国起草的《二十国集团反腐败追逃追赃高级原则》（下称《高级原则》）。[③]《高级原则》是继《北京反腐败宣言》之后中国在主要国际合作机制下主导通过的又一项反腐败国际文件，其内容涉及预防腐败分子入境、建立个案协查机制、完善合作法律框架等多个方面，明确要求各国积极创造有利条件来推进追逃追赃的合作，致力于打造一个"零容忍态度""零漏洞制度""零障碍合作"的反腐败国际追逃追赃合作体系。中国与新西兰都是 G20 成员，《高级原则》对双方开展刑事司法协助的合作具有指导作用。

（二）共同加入的国际公约

　　中国和新西兰都广泛加入国际刑事公约，积极履行公约义务。为使双方能够顺利开展刑事司法协助的合作，中国与新西兰目前已经建立了初步的刑事司法协助体系。中国与新西兰共同加入的国际刑事公约主要有《联合国打击跨国有组织犯罪公约》和《联合国反腐败公约》。

---

①　新西兰于 1989 年 11 月加入 APEC，中国于 1991 年 11 月加入 APEC。

②　《北京反腐败宣言》，中央纪委国家监委网站，2014 年 11 月 9 日，https://www.ccdi.gov.cn/toutiaon/201812/t20181214_94396.html，访问日期：2021 年 5 月 9 日。

③　人民网：《中纪委监察部网站发布〈二十国集团反腐败追逃追赃高级原则〉和〈2017—2018 年反腐败行动计划〉》，http://uk.people.com.cn/n1/2016/1006/c352308-28757652.html，访问日期：2021 年 10 月 6 日。

2000 年 11 月 15 日，第 55 届联合国大会通过了《联合国打击跨国有组织犯罪公约》，并于 2003 年 9 月 29 日生效。中国和新西兰都是《联合国打击跨国有组织犯罪公约》的签署国，截至 2023 年 3 月 5 日，该公约已有 147 个签署国、191 个批准国。[①]《联合国打击跨国有组织犯罪公约》是全球范围内为预防和打击有组织犯罪而建立国际协调合作机制的第一个公约，规定了相对完整和统一的刑事定罪标准，建立了一整套预防、侦查和起诉的法律模式。其第 16 条第 4 款规定，缔约国之间未签订双边引渡条约的，可依据该公约开展引渡合作，因此该公约也成为中国与新西兰进行引渡合作的国际公约依据之一。

腐败是危害当今全球各国经济发展和社会进步的"毒瘤"，严重侵害社会公平正义，损害政府威信与公信力，阻碍经济健康发展。2003 年 10 月 31 日，第 58 届联合国大会审议通过《联合国反腐败公约》，并于 2005 年 12 月 14 日正式生效。中国和新西兰都是《联合国反腐败公约》的缔约国，截至 2023 年 3 月 5 日，该公约共有 140 个签署国、189 个缔约国。[②]《联合国反腐败公约》是现今在反腐败国际合作领域最全面、参加国家最多、最具有法律效力的公约，被誉为国际反腐败的"法律基石"。《联合国反腐败公约》第 44 条第 5 款规定，在缔约国间没有签订引渡条约的情况下，可将该条约作为引渡依据；第 45 条中规定了被判刑人移管事项；第 46 条规定了狭义的刑事司法协助事项；第 47 条规定了刑事诉讼中的转移管辖。在追赃方面，第 53 条和 54 条分别规定了"直接追回财产的措施"和"通过没收事宜的国际合作追回资产的机制"，包括了刑事途径和民事途径，同时也构建了对外国判决的承认与执行制度。《联合国反腐败公约》为中国向新西兰请求刑事司法协助拓宽了路径，中国与新西兰之间签订的双边条约中未涉及的刑事司法互助事项，双方可以在《联合国反腐败

---

① 中国于 2000 年 12 月 12 日签署、2003 年 9 月 23 日批准该公约；新西兰于 2000 年 12 月 14 日签署、2002 年 7 月 19 日批准该公约。最新签署国和缔约国情况参见联合国公约网，网址为：https://www.un.org/zh/documents/treaty/A-RES-55-25，访问日期：2023 年 3 月 5 日。

② 中国于 2003 年 12 月 10 日签署、2006 年 1 月 6 日批准该公约；新西兰于 2003 年 12 月 10 日签署、2015 年 12 月 1 日批准该公约。《联合国反腐败公约》的最新签署国和缔约国情况参见联合国公约网，网址为：https://treaties.un.org/Pages/ViewDetails.aspx?src=IND&mtdsg_no=XVIII-14&chapter=18&clang=_en，访问日期：2023 年 3 月 5 日。

公约》中寻找到相关的法律依据。

（三）刑事司法协助双边规则

中国和新西兰于 2006 年 4 月 6 日在新西兰首都惠灵顿签订了《中华人民共和国和新西兰关于刑事司法协助的条约》（2008 年 1 月 1 日生效，下称《中新刑事司法协助条约》）。[①]《中新刑事司法协助条约》规定双方刑事司法协助的范围包括调取证据或者获取陈述，提供信息、文件、记录和证据物品，查找、辨认人或物，送达刑事文书，搜查和扣押物品，安排人员到请求方作证或者协助调查，查找、冻结、扣押和没收犯罪所得或犯罪工具，交换法律资料等，但并没有规定引渡、对刑事判决的相互承认和执行、刑事诉讼的移管等内容。此外，《中新刑事司法协助条约》还规定了中新刑事司法协助的请求形式和内容、请求的执行、各项协助的具体程序等事项。

《中新刑事司法协助条约》明确了双方在部分刑事司法互助事项的处理路径和流程，是中国向新西兰请求刑事司法协助工作最直接的法律依据，但该条约规定的互助事项比较有限，缺少了引渡、刑事诉讼转移管辖及外国刑事判决的承认和执行等重要事项，且条约利用率不高。在今后中国向新西兰请求刑事司法协助中，怎样充分利用已有的双边刑事司法协助条约，如何尽快补充健全《中新刑事司法协助条约》的内容，成为中国向新西兰请求刑事司法协助中亟须解决的问题。

（四）两国刑事司法协助法律

中国于 2000 年颁布施行的《引渡法》是中国与他国开展引渡合作的国内法律依据。《引渡法》开头规定了引渡的原则、途径、强制措施等基本内容，其主要内容可分为他国向中国请求引渡和中国向他国请求引渡两大部分。其中，他国向中国请求引渡的部分规定较为详细，包含引渡的条件、引渡请求的提出、引渡请求的审查、为引渡而采取的强制措施、引渡的执行、暂缓引渡和临时引渡、引渡的过境等方面规定。中国向他国请求引渡部分则规定得比较简单，包含提

---

① 中华人民共和国条约数据库：《中华人民共和国和新西兰关于刑事司法协助的条约》，http://treaty.mfa.gov.cn/Treaty/web/detail1.jsp?objid=1531876902015，访问日期：2023 年 3 月 6 日。

出引渡请求的机关及提出程序，所需的文书、文件和材料，处理被请求国有特殊要求或附加条件的情形，量刑承诺，接收与引渡相关的财物等内容。中国《引渡法》颁布至今已有 22 年，这期间的国际引渡原则、制度发生了不少变化，国际引渡实践经验不断丰富发展，中国《引渡法》应适时予以修改、完善，以适应引渡实践的最新趋势与需求。

中国于 2018 年 10 月 26 日发布并实施的《中华人民共和国国际刑事司法协助法》（下称《国际刑事司法协助法》），在立法上填补了中国国际司法协助方面的法律空白。《国际刑事司法协助法》共九章，第一章总则规定了刑事司法协助的定义及范围、基本原则、对外联系机关职责、主管机关职责、协助途径、办案机关职责、费用承担等基本事项，其中"刑事司法协助"的定义采取了狭义的概念。因中国已颁布了《引渡法》，故并未包括引渡的内容。第二章至第七章规定了中国与外国间相互请求刑事司法协助的具体程序。值得注意的是，《国际刑事司法协助法》中关于监委为刑事司法协助的主管机关之一的规定与《监察法》相衔接。《国际刑事司法协助法》的出台，完善了中国刑事法律体系，有助于推进国际追逃追赃工作的规范化、法治化。但也应该看到，《国际刑事司法协助法》缺少与他国相应的承认与执行刑事判决、犯罪资产分享制度等内容，从而制约了中国境外追赃的效率。

新西兰《1992 年刑事事项互助法》[①]（下称新西兰《刑事互助法》）及相关修正案规定了新西兰提供和获得刑事事项方面的国际协助的程序，通过该法可以了解新西兰对于他国刑事司法协助请求的国内安排规则。其中，外国向新西兰请求刑事事项协助的部分具体包括协助查找或确认人员的身份、协助在新西兰取得证据、协助安排人员在外国就刑事事项提供证据或协助、协助安排囚犯为特定目的在外国出庭、协助通过搜查和扣押获得物品或犯罪资产、协助安排送达文书、请求执行外国限制令和外国没收令等事项。

---

① 《新西兰刑事互助法》（Mutual Assistance in Criminal Matters Act 1992），http://www.legislation.govt.nz/act/public/1992/0086/latest/DLM273057.html#DLM273056，访问日期：2023 年 3 月 6 日。文章条款由作者根据这一英文版本翻译。

1999 年《新西兰引渡法》①是新西兰规定开展引渡行为的国内程序规范，该部法律共由十一部分组成，规定了引渡合作的基本规则、从新西兰向一般国家和英联邦国家引渡的程序、从新西兰向澳大利亚等某些特定国家引渡的程序、新西兰向外国请求引渡的程序，以及与引渡相关的搜查、扣押和证据规则等。只有深入了解新西兰的引渡制度，才能明确中国向新西兰提出引渡的请求存在哪些障碍，找到有针对性的解决办法。

二、中国向新西兰请求刑事司法协助的成果与经验

中国与新西兰长期在打击跨境毒品犯罪、反腐败追逃追赃等领域开展刑事司法合作。自 2014 年以来，中国开展了"天网行动"等系统的境外追逃追赃工作，取得了重要成果，有力地震慑了逃窜境外的犯罪分子。"百名红通人员"是指国际刑警组织中国国家中心局集中公布的 100 名带着红色通缉令的涉嫌犯罪的外逃国家工作人员、重要腐败案件涉案人。"百名红通人员"中有 11 人逃往新西兰或者以新西兰作为外逃的中转站，占"百名红通人员"的 11%，其中已归案的有 4 人。②"猎狐行动"是公安部在 2014 年部署的缉捕在逃境外经济犯罪嫌疑人的专项行动。"猎狐行动"主要通过警务合作来开展经济犯罪领域境外追逃工作，也取得了一定成绩。

2009 年，韩国籍新西兰永久居民金京叶涉嫌在上海杀害一名 20 岁的中国女子，并在案发后潜逃回新西兰。2011 年，中国政府通过国际刑警组织对金京叶发出红色通缉令。应中国政府请求，新西兰政府对金京叶实行了逮捕并将其羁押至今。其间，中国政府一直积极争取通过引渡程序将金京叶引渡回中国受审，并多次向新西兰政府提出交涉。2015 年 12 月，在得到中国政府"金京叶会得到公平审讯，不会被施以酷刑及不会被判处死刑"的承诺后，新西兰政府

---

① 邱陵译：《新西兰引渡法》，上海社会科学院出版社，2020。作者在后文中引用的该法条文都根据这个版本，不再一一注明。

② 作者根据中央纪委国家监委网站中的"国际合作"栏目（https://www.ccdi.gov.cn/gzdtn/gjhz/）统计所得，统计截止时间为 2023 年 3 月 6 日。

同意将金京叶引渡回中国。但是，2019 年 6 月 11 日，在司法审查时新西兰上诉法院（高等法院）出于人权问题和公平审判的考虑，以"中国无法保证公平对待金京叶"为借口，拒绝引渡，驳回了司法部在 2016 年作出的将金京叶引渡到中国的请求。当日，中国外交部时任发言人耿爽在例行记者会上表示，为使正义得以伸张，还被害人以公道，中方希望新方公正处理，尽快将金引渡回中国。① 而后新西兰政府上诉至新西兰最高法院。2022 年 4 月 13 日，金京叶引渡案取得突破性进展，新西兰最高法院作出裁决，在中国进一步保证公正审判的情况下，"同意将一名涉嫌谋杀的韩裔新西兰人引渡到中国受审"②。目前，金京叶仍未被引渡回中国，等待他的是新西兰司法部部长对引渡案的最后行政审查。基于新西兰政府对中国表现出较为信任的态度，金京叶有望最终被引渡回中国。金京叶案是中国依据国际公约首次向新西兰提出引渡请求的案件，新西兰是判例法国家，该案可能为后续中国与新西兰之间其他引渡案件的解决开辟道路，并影响到中国境外"天网行动"的开展。中国在该案中积累了不少经验，虽然案件曲折反转，但对于中国熟悉新西兰的相关引渡制度是大有裨益的。

（一）劝返替代引渡成为追逃的主要手段

鉴于金京叶引渡案耗时过长且仍然未被引渡回国，中国更乐于采用劝返作为追逃的替代措施。四名外逃新西兰的"百名红通人员"全都是通过劝返的方式归案。这里的劝返，是指对外逃人员进行说服教育，阐明法律的规定及其适用，承诺从轻处理条件，促使其心理发生根本转变，从而主动回国投案。中国与新西兰未签订双边引渡条约，虽然 1999 年《新西兰引渡法》在事实上放弃了条约前置主义，但却规定了诸多限制条件，使得中国向新西兰请求引渡变得困难重重。劝返较之引渡更为灵活，引渡对逃入国的配合度要求很高，如逃入国对于引渡未给予足够重视，或因其他原因有意拉长程序存续时间，中国只能处于

① 央视网：《中国将引渡潜逃到新西兰的杀人犯金京叶？外交部作出回应！》，央视网，2019 年 6 月 11 日，http://news.cctv.com/2019/06/11/ARTIIQa50qHEdVItZeY19N4K190611.shtml，访问日期：2023 年 3 月 5 日。

② 观察者网：《史上首次：新西兰或将引渡其居民到中国受审》，观察者网，https://www.guancha.cn/internation/2022_04_14_634914.shtml，访问日期：2023 年 3 月 5 日。

被动地位。在劝返措施的实施中，中国与逃入国开展个案合作，通过对外逃人员宣传政策、教育说服，争取其回国投案自首，这期间需要逃入国提供刑事司法协助的环节较少，劝返的灵活性给予中国更多主动权。

（二）通过成功追赃促使在逃人员回国自首

"天网行动"公布"百名红通人员"不仅针对外逃腐败分子本身，还包括对他们转移到境外的赃款赃物的追缴，实际上境外追赃也是促进境外追逃工作开展的一种有效手段。赃款赃物是外逃犯罪分子在境外逃亡及生存的经济基础。如果能够尽早追回赃款赃物，外逃人员在境外将失去生存的经济基础，其生存的空间被极大地压缩，最终被迫回国投案自首或被逃入国强制遣送回中国。以闫永明案为例，新西兰警方根据中方提供的证据材料，申请法庭批准依法查扣、冻结闫永明相关资产近 3500 万新西兰币（约合 1.7 亿人民币），并以涉嫌洗钱罪对其提起民事诉讼，有效挤压了其在新西兰的生存空间，为促其退缴赃款和回国投案接受审判创造了有利条件。[①] 在"猎狐 2018"专项行动中，中国的公安机关全面深化推进追赃工作，坚持追逃追赃两手抓，促成"新西兰冻结涉案资产 7000 余万新币"[②]，最终通过劝返措施使部分逃到新西兰的犯罪嫌疑人回国自首。

（三）加强国际刑事警察组织框架内的国际警务合作

此处的"国际警务合作"采用广义定义，即不仅包括国际刑事警察组织框架内就案件侦查的合作，还包括相互开展通讯联络、交流犯罪情报、协查办案、联合侦查、通缉和拘捕入境的在逃人员、调查取证、传递法律文书，以及公民的紧急求助等，还应当包括各国间开展广义刑事司法协助的有关内容，主要有在押人员出庭作证及刑事诉讼转移、引渡等。[③] 对"百名红通人员"的追捕方式是："国际刑警组织中国国家中心局"通过国际刑警组织平台发布红色通缉令

---

① 吉追逃：《人赃俱获的背后——"百名红通人员"闫永明归案纪实》，《中国纪检监察》2017 年第 16 期，第 57—58 页。

② 人民公安报：《全国公安机关持续深化境外追逃追赃"猎狐"专项行动》，公安部网站，2019 年 2 月 22 日，https://www.mps.gov.cn/n2255079/n4242954/n4841045/n4841050/c6408662/content.html，访问日期：2023 年 3 月 5 日。

③ 向党：《国际警务合作概论》，中国人民公安大学出版社，2005，第 33 页。

请求他国对相应外逃人员进行缉捕、引渡。红色通缉令不具备法律上的强制力，接收红色通缉令的成员国可以据此对被通缉的人执行逮捕、拘留、引渡，但不是必须配合。红色通缉令的执行效力根据接收的成员国的配合程度而定。在闫永明案中，闫永明外逃到新西兰后，吉林省公安厅就引渡闫永明、追缴返还赃款等事项与新西兰警方开展了警务合作。① 在此过程中，新西兰警方为了解闫永明在中国涉嫌犯罪的相关情况，曾先后七次派人到吉林省调查取证。根据中方提供的请求文件及证据材料，新西兰警方申请法庭批准依法冻结、查扣闫永明在新西兰的犯罪资产，最终促成了闫永明回国投案。

三、中国向新西兰请求刑事司法协助存在的障碍

中国向新西兰请求刑事司法协助取得了一些成果，但形势不容乐观。如金京叶引渡案，此案历经十余年，虽然看到胜利的曙光，但结果仍存在不确定性。

（一）新西兰对中国司法存在偏见和误解

新西兰对华政策上持灵活而谨慎的态度。新西兰"一贯奉行积极务实的对华政策，并把对华关系作为对外关系的主要方向之一"②。同时，新西兰也是"五眼联盟"（Five Eyes Alliance）③ 的成员国之一。以美国为首的"五眼联盟"把遏制中国的快速发展上升为其主要的战略目标，从而使得"'五眼联盟'逐渐从情报分享的机制向泛安全化的政治联盟转型"④。虽然新西兰是"五眼联盟"中综合国力最弱、地位最边缘化的成员国，但其对华政策也难免受到了"五眼联盟"转型的影响。新西兰在综合考量联盟压力、地区安全，以及经济利益等各种因素之下，一方面选择借助联盟的力量来制衡中国的快速崛起，另一方面

---

① 吉追逃：《人赃俱获的背后——"百名红通人员"闫永明归案纪实》，第57—58页。

② 外交部：《王毅同新西兰外长马胡塔举行视频会晤》，外交部网站，2022年6月13日，https://www.mfa.gov.cn/web/wjbzhd/202206/t20220613_10702454.shtml，访问日期：2023年3月5日。

③ "五眼联盟"是由美国、英国、加拿大、澳大利亚和新西兰五国组成的情报共享组织，起源于二战期间的英美特殊情报合作。

④ 唐小松、刘丹：《"五眼联盟"转型对新西兰对华政策的影响》，《国际展望》2021年第4期，第31页。

也致力于寻找相对独立、自主、务实的对华政策。新西兰尝试通过试探中国的反应与态度，灵活而谨慎地把握对华政策的尺度，尽量避免中新关系受到冲击。在意识形态、人权、科技战略等问题上，新西兰尽量保持对华政策相对独立，甚至多次在"五眼联盟"的对华统一行动中"缺席"或者选择更加谨慎的立场和态度。[①] 新西兰的对华政策影响了中国与新西兰的刑事司法协助的实施，在中国向新西兰请求刑事司法协助中，抛开政治因素只谈司法程序显然是不现实的。

　　新西兰以司法人权为由设置引渡障碍。由于人权概念的模糊不确定性、主观性，以及与政治密切的关联性，人权问题极易成为拒绝引渡的理由。在中国向新西兰请求引渡后，新西兰势必会考虑被请求引渡回国后的犯罪嫌疑人、被告人的各项诉讼权利是否能够充分保障，能否得到公正审判，以及是否面临酷刑等人权问题。长期以来，"人权问题是横亘在中国和西方发达国家之间反腐败合作的障碍"[②]。以金京叶案为例，案发至今已有 13 年，在审查中新西兰司法部门基于人权、酷刑等问题拒绝中国的引渡请求[③]，根本原因仍是新西兰司法部门对中国司法人权存在偏见，其中最大的偏见源于中国与新西兰对死刑存废的不同立场。与中国保留贪腐罪名的死刑不同，新西兰已经全面废除死刑。在引渡案件中，如果被请求国已经废除死刑或对引渡所涉犯罪不适用死刑，而请求国仍保留死刑且对引渡所涉犯罪仍可适用死刑，被请求国往往要求请求国承诺不判死刑。所以在中国向新西兰请求引渡的过程中，新西兰可能会要求中国作出不判处死刑的承诺，并且按照标准对该承诺进行审查，这种审查的实质是对中国国内司法制度和国际信誉进行评价。另外，即使不涉及死刑问题，新西兰对中国刑事法治状况也存在偏见，认为犯罪嫌疑人一旦被引渡回中国，可能会受到刑讯逼供或不公正的审判。以上偏见影响制约了中国与新西兰刑事司

---

①　唐小松、刘丹：《"五眼联盟"转型对新西兰对华政策的影响》，第 37 页。

②　Margaret K. Lewis, "Human Rights and the U.S.-China Relationship", *George Washington International Law Review*, 49 (2017), p. 471.

③　殷超峰：《中国反腐败跨境追逃国际合作问题研究》，博士学位论文，西南政法大学，2018，第 80 页。

法合作的深度和广度。

新西兰对中国的劝返行动存在误解。2015 年 8 月 16 日，一篇题为《奥巴马政府就在美行动的秘密工作人员警告北京》的文章发表在美国《纽约时报》上，引起了广泛关注。①美国奥巴马政府就所谓中国办案人员使用旅游或商务签证进入美国从事秘密工作，以及未向美国提供展开刑事司法合作的相关证据向中国提出"警告"。澳大利亚也曾就类似事件向中国政府发出照会。这样的事件说明，外国对中国劝返行动的性质具有重大误解。在中国的劝返行动中，我国有关部门和人员可以对外逃人员进行劝说，让其尽早返回国内接受法律制裁。此外，开展劝返工作的主体是很宽泛的，不论是党政机关、司法机关、监察机关、事业单位，还是外逃者的家属、亲友等个人，只要能与外逃人员取得联系，都可以对外逃的犯罪人进行劝返。中国的劝返行动没有法律规范的确认，也不是执法行为，是中国文化中的协商文化在追逃追赃工作中的体现，是一种由国家实施的、符合双方意愿自治的民事行为。

（二）中国与新西兰刑事司法协助体系不健全

中国与新西兰之间缺少双边引渡条约，签订的刑事司法协助条约没有明确规定相互承认、执行对方的刑事判决的内容，国际公约提倡开展的刑事诉讼移管（案件在国家之间转移管辖）制度也没有在中国和新西兰之间得到体现。中新刑事司法协助体系的不健全严重制约了中国向新西兰请求刑事司法协助的效果。

第一，引渡手段缺失。引渡是反腐败国际追逃主要的法治方式之一，是国家之间移交外逃人员的正式方式，但在司法实践中却没有中国向新西兰请求引渡成功的案例。究其原因，一是中国与新西兰没有双边引渡条约，而通过双边引渡条约执行引渡是两个国家间相互请求引渡最直接和有效的途径，在此情况下中国向新西兰请求引渡只能依据《联合国反腐败公约》《联合国打击跨国有组织犯罪公约》等国际公约中有关的引渡条款，从中国和新西兰各自的引渡法出发去提出引渡申请，如此可能将面临中国设计的引渡制度在与新西兰法律制

---

① 张陨璧：《外交部回应美媒质疑中方追逃：遵守各国法律望客观看待》，央广网，https://news.cnr.cn/native/gd/20150819/t20150819_519588090.shtml，访问日期：2023 年 3 月 5 日。

度、价值的衔接上出现抵牾的事实;二是《新西兰引渡法》对他国向本国引渡设置了一些前提条件,而中国难以接受这些前提条件,比如死刑不引渡、政治犯罪不引渡、双重犯罪原则等。在实践中,中国向新西兰请求引渡面临着复杂烦琐的"行政审查 – 司法审查 – 行政审查",这三道审查都可单独拒绝中国的引渡请求,此外在司法审查当中,被请求引渡人的上诉权多重且复杂。双边引渡条约是国家间开展引渡合作的正式法律渊源,也是预防腐败分子外逃的有效手段。从中国出逃外国的犯罪分子通常会选择未与中国签订双边引渡条约的国家作为目的地,因此,中新之间引渡手段的缺失导致不少中国犯罪分子尤其是腐败分子出逃时,选择新西兰作为目的地。

中国与新西兰未签订双边引渡条约的主要原因是中国与新西兰在对待死刑问题上存在分歧。近 20 年来,国际刑事司法协助合作在全球化的背景下取得了飞速发展,引渡制度也得到了很快的发展。其中,"死刑不引渡"原则正逐渐成为刚性原则。"死刑不引渡"原则始于一些国家国内立法中对引渡合作的限制性规定,随后这一规定得到了越来越多国家的认同进而出现在许多双边引渡条约当中。在引渡合作实践中,"死刑不引渡"原则成为出现频率较高的限制性条件或者拒绝理由。"死刑不引渡"原则的采纳已经不再与开展引渡合作的国家是否仍然保留死刑问题存在必然联系,那些已经废除了死刑的国家在相互缔结引渡条约时同样会重申该原则,那些仍然保留死刑的国家在相互缔结引渡条约时也可能被要求确立这一原则。[1] 在引渡合作中请求国作出的关于不判处或者不执行死刑的承诺是否充足、果断,也会受到被请求国的严格审查与谨慎考量。在此背景下,中国作为传统的死刑保留国家与新西兰这一全面废除了死刑的国家,在面对引渡合作中的死刑问题必然存在分歧。虽然中国的学术界有部分废除死刑的呼声,但无论是基于社会治理的客观需要还是社会公众的预期,中国彻底废除死刑都为之尚早,废除涉嫌贪腐罪名的死刑也在"反腐民意如此炽烈的今天显得更不切实际"[2]。因此,中国也要在保留死刑的基础上探

---

① 黄风:《国际引渡合作规则的新发展》,《比较法研究》2006 年第 3 期,第 36 页。

② 徐文进、姚竞燕:《反腐国际合作维度下量刑承诺制度的反思与完善——以死刑不引渡原则的司法应对为视角》,《政法学刊》2016 年第 3 期,第 97 页。

寻一种与西方国家开展引渡合作的有效路径。

第二，缺少刑事诉讼移管条约。刑事诉讼移管是根据国际公约、双边条约或互惠原则，一国接受他国请求，对发生在本国或其他拥有管辖权的案件，代为进行刑事诉讼的司法协助刑事。[①]刑事诉讼移管由西欧国家创设，虽在司法实践中未被广泛适用，但却行之有效。刑事诉讼移管能有效弥补引渡制度的部分不足之处，避开引渡制度中复杂的程序，从而直接移交刑事案件及材料，方式灵活、效率较高，提高了刑事司法的效率，在维护国家司法主权的同时还保障了人权。刑事诉讼移管制度在国际社会逐渐得到认可，被写入不少国际公约中[②]，并在部分国家之间成为了成熟制度并形成了丰富经验。

在实践中，中国曾与俄罗斯开展过刑事诉讼移管的个案合作，但目前中国国内还缺乏刑事诉讼移管的法律制度。[③]在中国与他国签订的双边刑事司法协助条约中，涉及刑诉移管制度的双边条约一般也都限制在本国公民拒绝引渡的情况下。出现这种现象的原因，一方面是在处理涉外刑事案件时，中国更愿意采用引渡及相关替代措施来处理，尤其是在处理贪腐分子外逃案件的时候，涉及国家政府形象和声誉，以及贪污财产的归属和追回问题；另一方面，中国更是坚守国家主权，主张案件应由国内司法机关进行审理，绝不轻易让渡刑事管辖权。

（三）中国与新西兰缺少犯罪资产分享机制

犯罪资产分享，应理解为犯罪资产流出国政府与实际控制国政府根据国际公约、双边条约或者临时协定，在扣除为没收犯罪资产进行的侦查、起诉或者审判程序产生的合理费用外，在不损害第三人权利的前提下将没收财产返还请求缔约国、返还其原合法所有人、赔偿犯罪被害人之后，对所没收财产进行最后处分时，经常或逐案分享犯罪所得或财产，或变卖犯罪所得或财产所获款项

---

① 贾宇：《国际刑法学》，中国政法大学出版社，2004，第458页。
② 《联合国反腐败公约》第47条、《联合国禁止非法贩运麻醉药品和精神药物公约》第8条、《联合国打击跨国有组织犯罪公约》第21条均规定了鼓励各国开展刑事诉讼移管合作。
③ 汪旭辉：《论国际刑事诉讼移转管辖制度》，硕士学位论文，华东政法大学，2012，第33页。

的制度。①

许多有关国际司法合作的国际公约规定了犯罪资产分享机制。《联合国打击跨国有组织犯罪公约》第十四条、《联合国反腐败公约》第五十七条、《联合国禁止非法贩运麻醉药品和精神药物公约》第五条、金融行动特别工作组（FATF）《反洗钱建议》第三十八条、《联合国制止向恐怖主义提供资助的国际公约》第八条均规定了资产分享机制。除了上述国际公约外，犯罪资产分享机制还广泛存在于区域性组织制定的公约中，例如《欧洲反腐败刑法公约》《美洲反腐败公约》《非洲联盟预防和打击腐败公约》等。此外，以分享解决犯罪资产的最后处置也成为国家间的惯例。如加拿大、澳大利亚、美国等西方发达国家，在赃款分享问题上实行"协议分享"已经几十年了，有着相当成熟的规范和丰富的实践经验。

中国与新西兰之间缺少犯罪资产分享机制。《国际刑事司法协助》只在第四十九条宽泛地规定"对外联系机关会同主管机关可以与外国就其提出的对追缴资产的分享请求进行协商"②，但缺乏详尽的细则，例如分享的原则、分享的主体、分享的对象、分享的具体比例、分享的例外等，因此在司法实践中导致可能会出现适用难题。《中新刑事司法协助条约》也仅在第二十条规定了刑事司法协助中产生的执行请求费用、调查取证费用、证人及鉴定人费用和报酬、笔译和口译的费用及报酬等有关费用的负担，但未规定犯罪资产的分享。

四、中国向新西兰请求刑事司法协助的推进对策

中国与新西兰签订的双边协助条约规定的协助范围有限，未涉及引渡、对外国刑事判决的承认和执行、刑事诉讼的移管等事项。随着中国国际追逃追赃实践不断向前发展，现有的中新协助条约已无法满足现实需求。中国应尽快与新西兰就健全司法协助条约体系进行磋商，为中国在新西兰开展的追逃追赃行

① 王俊梅：《浅析中国犯罪资产分享制度的构建》，载王秀梅、张磊主编《反腐败追逃追赃合作的立法与实践》，中国人民公安大学出版社，2021，第86页。

② 《中华人民共和国国际刑事司法协助法》第49条。

动提供完备的法律制度保障。

（一）推动签订中国与新西兰引渡条约

双边引渡条约能为中国向新西兰请求引渡提供最直接的法律依据，提高引渡效率，故中国应加快推进与新西兰签订双边引渡条约。

中国推进与新西兰签订引渡条约的过程中，应加强外交宣传与磋商。受意识形态、政治体制和法治差异等方面的影响，新西兰成为未与中国签订双边引渡条约的"钉子户"，"中国需要通过外交途径和法治宣传不断与其沟通，展示十八大以来中国法治化建设的辉煌成果，使其意识到充当'避罪天堂'和'贪官腐败村'的危害性"[①]，以此不断推动新西兰与中国在缔结、批准引渡条约上达成共识。当然，中国与新西兰双边引渡条约的签订不可能一蹴而就，在目前缺少引渡双边条约的情况下，鉴于新西兰实际上已放弃引渡条约前置主义，中国可依据《联合国反腐败公约》《联合国打击跨国有组织犯罪公约》等国际公约中有关引渡的条款向新西兰请求引渡，或通过与新西兰进行磋商使新西兰在法律上"将中国确认为可根据多边国际公约提供引渡协助的国家"[②]，为双方日后签订双边引渡条约打下坚实基础。

在中国与新西兰未能签订双边引渡条约的情况下，中国可以通过个案实践展示中国对不判处死刑的量刑承诺的确定性。中国应加快攻坚现有个案，如尽快将金京叶从新西兰引渡回国，如若金京叶引渡案最终能顺利解决，无疑会对中国请求引渡其他外逃人员具有极强的示范作用，并有可能成为中国向新西兰请求引渡案件的判例，具有深远的影响。

（二）推动签订中国与新西兰刑事诉讼移管条约

中国的法律并没有明确允许刑事诉讼移管，但考虑到中国参加的多个国际性公约都有刑事诉讼移管的约定，根据公约对缔约国的要求，中国有必要承担与其他缔约国在公约规定范围内履行移转管辖制度相关内容的义务，同时在必要的时候也有权向其他缔约国行使要求移转管辖的权利。故中国应当顺应国际

---

① 高一飞、韩利：《国际反腐败合作中的追逃附带追赃》，《政法学刊》2020 年第 4 期，第 91 页。

② 同上，第 92 页。

刑事司法合作的发展趋势，适时扫清国内法障碍，在互惠互利的基础上开展刑事诉讼移管合作。

《中新刑事司法协助条约》中虽然明确规定排除了刑事诉讼移管，但中国与新西兰在刑事诉讼移管合作上存在较好基础。2022年初，中国与新西兰成为《区域全面经济伙伴关系协定》的首批生效国家，以此为契机，中国可探索与新西兰将区际经贸合作延伸至刑事司法合作领域。中国与新西兰若要开展刑事诉讼移管合作，可以尝试在相互尊重主权、互惠互利的基础上先开展个案的合作，不断积累经验，等到时机成熟时再在中新刑事协助条约中加入刑事诉讼移管内容。届时，在具体制度的制定上中国与新西兰可吸收参照欧洲国家在刑诉移管上的合作经验。

（三）推动签订中国与新西兰犯罪资产分享协定

中国在向新西兰追缴犯罪资产的实务中，由于国内的《国际刑事司法协助法》及与新西兰签订的《中新刑事司法协助条约》缺乏犯罪资产分享的规定，致使新西兰协助中国追缴犯罪资产的积极性不高。为了更有效地与新西兰开展刑事司法合作，最大限度地追回中国外逃的犯罪资产，应尽快推动建立犯罪资产分享机制。

首先，中国有必要在《国际刑事司法协助法》中加入犯罪资产分享的法律规定，这不仅体现出中国对被没收财物的自主处置权，还有助于适应犯罪资产追缴国际合作方式多样化发展的需要。建议在《国际刑事司法协助法》中加入犯罪资产分享的具体详尽规定，包括分享的原则、分享的主体、分享的对象、分享的具体比例、分享的例外等，为中国对外话语权提供坚实的国内法律依据，实现追缴资产与国际合作的双赢。

其次，中国应促成与新西兰签订类似中国与加拿大之间关于分享和返还犯罪资产的双边协定。加拿大有着成熟的与他国分享犯罪资产的制度与经验。中国和加拿大于2016年9月22日签订的《关于分享和返还被追缴资产的协定》（下称《协定》）是中国在追缴犯罪所得领域对外缔结的首个专门协定。虽然《协定》的全部内容尚未公开，但从《法制日报》记者专访中可以略知一二。该协定将涉案犯罪资产分为"需返还犯罪资产"和"可分享犯罪资产"

两种，对后者根据办案贡献确定分享比例。① 评估办案贡献大小可依据另一方提供信息或证据的重要程度、合作的参与程度、合作中受到的物质损失大小、配合程度等综合判断。中国与新西兰之间分享和返还犯罪资产的双边协定应在以《协定》为蓝本的基础上，借鉴西方发达国家的成熟经验来制定。

最后，在没有就分享和返还犯罪资产与新西兰达成协定的情况下，中国可依据反洗钱金融行动特别工作组（FATF）《40条建议》（2003）②、《联合国打击跨国有组织犯罪公约》《联合国反腐败公约》等国际公约与新西兰在个案中对涉案犯罪资产的处置、分享问题进行磋商，由此积累经验，形成中新两国间的惯例，并推动中国与新西兰签订分享和返还犯罪资产的双边协定。

（四）完善量刑承诺制度以解决引渡中的死刑障碍

引渡条约中的"死刑不引渡"原则虽然在今天逐渐变成刚性原则，但并未完全关闭引渡之门，而是给引渡请求国保留了商量的余地，从而使其仍有机会成功地将被请求引渡人引渡回国。目前，不论是国际或区际引渡公约，还是各国引渡立法，或是国家之间签订的引渡条约，多数情况下都采取了附加量刑承诺条件的"死刑相对不引渡原则"③。中国作为保留死刑的国家，在与新西兰在死刑问题上的制度、价值理念存在分歧的情况下，"想要全面实现自己的刑事追诉权，实现惩罚犯罪的目的，就必须对外国提出的条件进行利益权衡，从而达成一致的承诺协议"④。

目前，中国量刑承诺尚未形成完整的制度，只是在《引渡法》第50条简单规定了"对于量刑的承诺，由最高人民法院决定"和"在对被引渡人追究刑事责任时，司法机关应当受所作出的承诺的约束"，并没有对量刑承诺的启动、运行，承诺之后向外国政府的送达、引渡回国以后如何保证承诺的执行等程序

---

① 王俊梅：《浅析中国犯罪资产分享制度的构建》，第90—91页。
② The Forty Recommendations（2003），中国人民银行反洗钱中心，http://www.pbc.gov.cn/fxqzhongxin/3558093/3558113/3569365/index.html，访问日期：2023年3月6日。
③ 陈雷、薛振环：《论我国引渡制度的量刑承诺——兼论死刑不引渡原则的变通或例外适用》，《法学杂志》2010年第1期，第15页。
④ 宣刚、余燕娟：《境外追逃量刑承诺的建构进路和程序设置》，《河南警察学院学报》2019年第4期，第101页。

进行详细规定。① 在我国司法实践中，判决书没有明确提及量刑承诺，难以体现量刑承诺对于最终判决的约束力。

构建具有中国特色的量刑承诺制度，其一，需要考虑细化量刑承诺的程序，包括设置启动程序、审理程序、异议程序、执行程序、送达程序等，使量刑承诺进一步规范化、法治化；其二，在立法上要求判决书明确引用之前作出的量刑承诺，体现量刑承诺对判决的约束力，这样可以体现出量刑承诺与最终判决之间的直接约束关系，从而提高量刑承诺的信服力，增强国际社会对中国量刑承诺的信心。

（五）多措并举推进在新西兰的劝返措施

在不能采取有效引渡措施的背景下，中国以劝返作为替代措施也有了从新西兰成功追逃的案例，我国应当坚持和完善切实可行的劝返措施。

为了避免新西兰的误解，劝返也可以请求新西兰执法机关协助。如果中国未经新西兰允许就擅自让中方办案人员进入新西兰境内执法，私下对外逃人员进行劝返，即使外逃人员最终同意回国投案，但新西兰可能对此仍感到反感，这需要中方广泛宣传劝返的性质，并且尊重他国的意愿，如在新西兰进行劝返时，最好事先取得新西兰相关部门的同意并要求其做好保密工作，将劝返作为两国间简易执法合作的一种方式。

要在《刑事诉讼法》中细化劝返过程中的量刑承诺细则。办案人员在对外逃的犯罪分子展开说服教育的过程中根据形势有时会作出保证或承诺，给予外逃犯罪分子法律之外的量刑"优惠"，促使其主动配合回国归案。为了让成功劝返外逃犯罪分子的案例能对在逃人员起到正面示范作用，在后续的刑事诉讼程序中，中国的司法机关通常会兑现之前作出的承诺。应该注意的是，办案人员不能为了劝返而作出过分降低法定刑的承诺，过低的量刑承诺不能很好地起到惩罚犯罪行为的作用，而且对其他情节相同却没有出逃的犯罪人员来说显失公平。为此，要完善我国正在实施的认罪认罚制度，将劝返中给予犯罪人员的承诺归入认罪认罚中检察机关对犯罪嫌疑人承诺的一种形式。

---

① 张磊：《境外追逃中的量刑承诺制度研究》，《中国法学》2017年第1期，第81页。

五、结　语

中国向新西兰请求刑事司法协助要达到顺利、顺畅的程度，还需要付出极大努力。条约是国与国之间刑事司法协助的基础，条约的签订需要一个过程，但没有条约基础不等同于不能进行刑事司法协助。在目前缺乏条约的基础上，中国可以通过与新西兰的执法合作推进个案中的广义司法协助。中国与新西兰刑事执法合作具有平台基础，中国与新西兰同为亚太经济合作组织反腐败执法合作网络（ACT-NET）及 G20 反腐败执法合作网络的成员，可以加强多边框架下的反腐败执法合作。反腐败执法合作是两国反腐败执法机构间开展的一种非正式合作，不需要签订国际条约，具有灵活多样、简便易行、效率较高的特点。中央纪委指出，中国积极"与美国、英国、加拿大、澳大利亚、新西兰等国建立双边执法合作机制，搭建联合调查、快速遣返、资产追缴便捷通道"[1]。将来，中国与新西兰要充分利用国际平台，构建两国在具体问题上的临时协商机制，对没有国际条约基础的刑事执法事务展开深入合作，解决当务之急。

---

[1]　十八届中央纪律检查委员会：《十八届中央纪律检查委员会向中国共产党第十九次全国代表大会的工作报告》，《前线》2017 年第 11 期，第 34 页。

新西兰女作家阿米莉娅·巴蒂斯提奇的移民小说解读

张青 ①

摘要：新西兰移民女作家阿米莉娅·巴蒂斯提奇是 20 世纪 40 年代向新西兰并非成熟的文学界发起挑战的第一批"异族"声音。巴蒂斯提奇作为不同移民族群女作家的代表，明确挑战文化霸权和既定社会结构，通过为处于社会边缘的移民族群呐喊，打破英国凯尔特主流文化传统，创作出富有达尔马提亚文化传统的文学作品，在英语主导话语框架内投身新西兰移民个人神话的创造，为其他移民及毛利女作家开辟新的写作道路，用英语重新书写当代新西兰。巴蒂斯提奇在小说中对移民生活的深入挖掘和真实描写，在某种程度上，是对边缘化的新西兰移民文学创作的挑战。

关键词：移民族群；多元文化；文化传统；边缘化

一、引　言

20 世纪 40 年代后期的新西兰文坛，同质性是身份认同唯一能够接受的表达方式，移民女作家阿米莉娅·巴蒂斯提奇（Amelia Batistich）则是第一批挑战新西兰刚刚形成的写作规范的"异族"声音之一。她开始参与新西兰文化建设，并以自己独特的经历构建出一道复杂的文学景观。巴蒂斯提奇出身于一个克罗地亚达尔马提亚地区的移民家庭，作为第一批从社会边缘出道的作家，

---

① 张青，合肥师范学院外语学院讲师、文学硕士，安徽大学大洋洲研究中心成员，研究方向为英国文学、新西兰文学。

她在紧密的文学结构中开创出一个空间，冲破英国凯尔特主流文化传统，为少数族群的移民呐喊。她打破自身及族群的沉默，使达尔马提亚人开始加入自我形象构建，在英国文化主导语境下，为毛利人和其他移民群体编织自己的神话开辟一条新的道路。

在新西兰，像达尔马提亚人这样的边缘移民是一个体量很小、不受主流文化重视，且具有重要文化意义的群体。在奥克兰大学，特别是在女权主义研究领域，少数族群学者感觉自己就像隐形人。他们在新西兰白人世界里默默地感到焦虑，其中包括他们的母语在早期教育中遭到否定，因为新西兰教育制度坚持英语是 20 世纪 60 年代新西兰唯一通行的语言，这正是新西兰少数族群在所谓的多元文化模式下所处的尴尬境地。

20 世纪后半叶，新西兰媒体主要关注的是白人或毛利人的状况。新西兰广播公司曾资助一个电视栏目——"困惑者的二元文化指南"——这是一个在电视黄金时段讨论种族和谐的节目。然而，这个节目忽略了种族差异性，使新西兰产生白人同质化的倾向，这样，一个宣传多元文化的节目却使许多新西兰少数族群处于边缘化的境地。正是在其中一档有关达尔马提亚人的节目里，主持人从学术和诗歌的角度，介绍了巴蒂斯提奇一生坎坷的文学道路。

二、多元文化与移民－本土互联

在新西兰历史上，新西兰艺术委员会及其前身文学基金会从未实行过多元文化政策。新西兰社会多重结构形式对倾听各种少数族裔声音的缺失，说明新西兰艺术机构继承的是英国形态的遗产。只有逐渐认识和尊重毛利人，强制性接受非英国主体性及其艺术，新西兰多元文化在艺术领域才能得以推进。随着时代的发展，新西兰也出台了一些推动多元文化发展的政策，同时鼓励文化多元化的文学创作。

在此之前，具有政治意识的作家已开始描述多方权益的博弈，这在一些女性作家的文学作品中随处可见。在小说里，这些权益斗争以一种自我反省的方式展开叙述，这一特点在巴蒂斯提奇的作品中体现得尤为明显。起初，她通过模仿曼斯菲尔德撰写英语小说，让本族群的声音——以她特有的欧洲语言和传统——贯穿自己整个创作生涯。但她否认自己是在进行文学创作，声称自己只"是个餐桌写手"①。阿什（Ash）认为，具有欧洲血统的女作家之间的利益冲突有助于理解巴蒂斯提奇低调的态度。出于体验一种存疑的文化认同感，移民女作家与"殖民者相关联的传统文化多少有点牵连，同时也认识到自身被殖民的状态"②。既不是殖民者（不是男性移民），也不是被殖民者（不是女性原住民），巴蒂斯提奇深刻体会到这种利益冲突，并认同母国和移居国的权益结构，语言的力量就存在于这些权益结构中，因为适当运用语言能力本身就是力量。巴蒂斯提奇为新西兰文坛留下了一份独特的遗产，然而，新西兰文学界表面上重视她的创作，却把她的作品排除在主流文学之外。

新西兰文学表面上属于多元文化范畴，因为巴蒂斯提奇这些移民作家说着不同的语言，具有不同的文化背景，但作为明确挑战文化霸权和既定社会结构的他者，他们通过自己的创作，为沉默的移民呐喊，用英语重新书写新西兰。20世纪40年代后期，巴蒂斯提奇发表的短篇小说影响了斯特姆（Sturm）、格蕾丝（Grace）、弗莱斯纳（Fresne）等一批毛利及移民作家，使本土作家和移民作家之间产生互联，使他们能够在不同时期为本族群大胆发声。

巴蒂斯提奇的短篇小说集《达尔马提亚的橄榄树》（*An Oliver Tree in Dalmatia*）是新西兰移民作家展现不同声音的第一批作品。在巴蒂斯提奇的作品中，格蕾丝看到"不是所有的声音听起来都是白人的、英国人的、男人的"，她认为，"如果这个国家没有许多其他少数族群创作的作品，那么我们国家的文学就不能够讲述我们是谁的完整故事"③。巴蒂斯提奇讲述毛利人的"不同声音"使格蕾丝感到很欣慰，她解释道，巴蒂斯提奇也许不想写这样的故事，

---

① Stephanie Edmond, "Daring to Be Danish", *Listener*, 23 March (1985), p.24.

② Susan Ash, "Having It Both Ways: Reading Related Short Fiction by Post-Colonial Women Writers", *SPAN*, 28 (1989), p.44.

③ Nina Nola, "Migrant Women's Writing in New Zealand: Amelia Batistich's Three-Dimensional World", *Hecate*, 20.2 (1994), p.140.

她从一个毛利人的视角编写的故事"具有同情心，而且我也能确认这一点"①。1948 年，巴蒂斯提奇发表了第一篇短篇小说《街角》（*Street Corner*），随后，以斯特姆为代表的第一批毛利作家也开始用英语创作短篇小说。这些作家直接参与国内文化对抗，为无人代表的少数族群发声，开创了他者文学主体性的批评空间。

新西兰文学领域不同声音的出现意义非凡。巴蒂斯提奇作为女性，同时作为在男性主导的社会和文学机制下的女性作家，她经历过被边缘化并受到排斥的痛苦。巴蒂斯提奇以毛利人的生存状态作为创作的主题，弥补了新西兰小说中毛利人缺席的短板。她没有明确讲述毛利社会或白人社会的女性现状，但通过许多故事聚焦毛利女性形象，以及她们与白人的关系，提出带有质疑性的问题。从巴蒂斯提奇早期有关毛利人的短篇作品可以看出，她从不同角度写作时，渴望尝试不同的声音，这些尝试表现出作者意欲努力创作从未有人写过的东西。

比如，短篇小说《艾米丽》（*Emily*），描写一个毛利女人与移民家庭之间的密切关系。故事以"每周一的半天时间花 5 个先令，艾米丽就是我们的"这句话开场，如果不是这句话出自达尔马提亚儿童叙述者之口，巴蒂斯提奇可能要被指控其小说带有种族主义倾向。故事的语言单纯模仿东方式的老生常谈：艾米丽属于"罕见的奇花异草"，她身为仆人就像"浴缸里的黑暗女祭司"，是孩子们眼中的"华丽织物"和"珍宝"②。作为客体而非主体，仆人而非女人，艾米丽是孩子们母亲的临时财产，对孩子们来说，拥有她是比获得马戏团最佳位置更好的奖励。小说中，巴蒂斯提奇的描述始终强调艾米丽的身份只是丈夫和雇主的财产。

从孩子们富有同情心的叙述可以看出，《艾米丽》中成人的偏见和种族歧视的语言把隐含深情的描写转换为对小说中他者不屑的陈述。最终，令人尴尬的"棕色身姿"像巴蒂斯提奇早期创作的毛利女性形象一样模棱两可，缺乏鲜明的个性。故事中的语言和叙述之间的内在冲突说明作者的为难之处，她尝试

---

① Nina Nola, "Migrant Women's Writing in New Zealand: Amelia Batistich's Three-Dimensional World", p.141.

② Amelia Batistich, *Emily*, Wellington: Arena, 34 (1953), p.15.

要表现先前新西兰文学缺失的内容，但她使用的工具却是传统上排斥和疏离主题的词语。巴蒂斯提奇运用排他性语言的主观限制，有损于《艾米丽》这种短篇小说的客观性，但通过对人物虚构空间的拓展，并没有削弱对新西兰文学多元化解读的力度。

三、短篇小说——移民归化

巴蒂斯提奇创作《达尔马提亚的橄榄树》之时，达尔马提亚移民给人的印象基本上都是政府宣传的负面形象。新西兰百科全书很少涉及移民与移居国之间的关系问题，威尔逊（Wilson）描述北奥克兰地区的条目远远不够准确且带有歧视性。比如，达尔马提亚移民早先采集树胶，后来耕种与他们出生地非常相似的土地。这种谬见否认巴蒂斯提奇在许多短篇小说中描述的移民所经历的极大困境和错位感。巴蒂斯提奇早期创作时期，克罗地亚移民一些家庭的第二代已经获得应有的身份，但威尔逊哀叹"他们仍然是个问题，因为他们的同化并不容易"①。这意味着克罗地亚人要花费很长时间才能获得与英裔新西兰人相同的情怀和观念。这一条目在带有偏见并充满情绪的评论里明显具有歧视的含义。而巴蒂斯提奇认为同化并不是什么问题，在短篇小说集里，她着意描写移民从"外来"到"归化"的必然变迁，这是一种生存压力与多元文化碰撞的结果。

短篇小说集《达尔马提亚的橄榄树》意在让英语读者知晓克罗地亚人的历史，并且使他们了解塞尔维亚－克罗地亚语言的表达方式。巴蒂斯提奇对语言和社会细节的关注旨在消除达尔马提亚人的负面形象，支持以不同方式进行同化的主张。小说集的最后一篇故事描写一场国际橄榄球比赛，新西兰象征性地取得胜利，以此暗示达尔马提亚人找到他们从一个世界走向另一个世界的道路。这一状况不仅在主题上加以描述，而且通过一系列人物的性格特征进行渲染。

---

① Alexander McLintock, Ed. *Encyclopaedia of New Zealand vol. 2*, Wellington: Government Printer (1966), p.628.

《我的叔叔托尼》（*My Uncle Tony*）中的托尼叔叔逐渐变成《时间流逝》（*And Time Flows on*）里的罗杰。同样，《农场》（*The Farm*）中的女孩斯特拉变成《玛祖卡午后》（*The Mazurka Afternoon*）里的斯特拉大妈，她试图维系家庭关系，努力树立能证明自己并认识自我的异类形象。

巴蒂斯提奇的小说人物，首先认同达尔马提亚人的传承，然后认同接纳他们的土地，最终也不会忘记他们的过去。这些叙事反复提及达尔马提亚人的异类形象，然后被接纳，这样故事便形成一个循环，展现一个必然的同化进程。巴蒂斯提奇选择短篇小说的形式作为适当的模式表现达尔马提亚移民的愿望和她本人实现自我的方式。正如威弗斯（Wevers）所说，"短篇小说是新西兰人安身立命所在"①。巴蒂斯提奇的短篇小说与欧洲母国的或然性关系为后殖民生态提供了想象的空间，也使少数族群在刚刚起步的文学创作中大胆尝试塑造自我形象。移民在短篇小说有限范围内出演自我认同的角色，把玩主观可能性，使非完整性与自主性共存。

在巴蒂斯提奇的短篇小说里，移民角色意欲把握自己与其他新西兰人关系的愿望得以清晰地表现出来，但作者给予他们的身份和地位依然不够明确。巴蒂斯提奇的描写涉及移民生活动荡的经历，如《达尔马提亚的橄榄树》就描述了许多人物个人生活经历的内容。故事以达尔马提亚人与坚实的土地抗争开篇，确立了斯蒂潘作为男性移民代表的地位，这样，他在达尔马提亚故土上留下犹如原始标记的告别式脚印，踏上新西兰这片陌生的土地，成为一道诗意般的特殊风景线。巴蒂斯提奇作品中人物描写的立足点在于可供不同的阅读需要，并非为了展示相同性。如果按照通行的短篇小说形式和主流文化传统的方式进行阅读，巴蒂斯提奇的作品在新西兰文学界不可能得到足够的重视。

随着新西兰移民潮拉开序幕，斯蒂潘踩在故乡大地上的足迹开始踏上世界另一端的土地。巴蒂斯提奇通过这一主题，逐渐展示出新西兰移民试图把自己的生活扎根在这片新的土地上。然而，当斯蒂潘实现了期盼已久的返乡愿望，

---

① Lydia Wevers, "The Short Story", *The Oxford History of New Zealand Literature in English*, Ed. Terry Sturm (Auckland: Oxford University Press, 1991), p.245.

回到 53 年前离开的家乡达尔马提亚，却感到极其悲伤，返回故土，他已成为颠沛流离的人。在达尔马提亚这块土地上，斯蒂潘只能生疏地用母语讲述着自己在新西兰农场的生活状况，有时，他不得不悄悄地与妻子阿丽亚沟通用母语说不清楚的东西。因此，土地成为写字板，移民试图在上面阐述自己的归属感并要求获得应有的身份。"家是你生活的地方"可以解释为"返乡也不可能重建原来的家园"①。即使在另一个故事《背井离乡》（*Exile*）里，移民的鞋底仍然象征性地粘有乡土的痕迹，同样也无法走回原点。

一旦繁重的劳作完成，土地肥沃多产，人们开始有时间反思，这时斯蒂潘和阿丽亚开始意识到他们重返达尔马提亚的圆梦之举只能成为失望的梦。威弗斯这样的批评家把这种认识看作小说叙事的一部分，在有关出身的一系列返乡的故事里，作者的潜在意识要比阅读表面看起来更加微妙。乡愁是移民叙事作品的有效工具，如果没有斯蒂潘和阿丽亚返回故乡的旅行，他们在新西兰这块终日劳作的土地上，永远也无法体会到强烈的家园感。

四、长篇小说——移民身份

在巴蒂斯提奇第一部短篇小说集《达尔马提亚的橄榄树》中，有几篇描写达尔马提亚移民生活状况的故事经常入选新西兰最佳文集，而她的长篇小说《山中吟唱》（*Sing Vila in the Moutain*）和《那山那歌》（*Another Moutain Another Song*）却很少有人认可，其艰难的出版过程更增加了新西兰移民作家写作生涯的复杂性。经过作者多年努力，直到 1981 年，这两部小说最终用两种语言同时在新西兰和克罗地亚两地出版。小说描述了 19 世纪 20 年代新西兰达加维尔地区达尔马提亚移民社群的生活状况，以及一个达尔马提亚家庭移居奥克兰后，如何遭受经济萧条和战争岁月的磨难。两部小说中，年轻的达尔马提亚主人公显然是以作者自己为原型，主要表现人物的内心情感，更加丰富了《达尔马提亚的橄榄树》中对主题、人物和生活困境的描写。巴蒂斯提奇在小

---

① Hans-Peter Stoffel, "Review of Batistich's Work", *New Zealand Slavonic Journal,* (1982), p.161.

说中对移民生活的深入挖掘，某种程度上是对边缘化移民写作的挑战。

作为新西兰和克罗地亚文学的代表人物，巴蒂斯提奇既实现了父母的移民梦想，也实现了第一代移民找到归属感的希望。小说里，她用克罗地亚语叙事，表达一个小女孩更愿意回到母国的愿望。巴蒂斯提奇创作的文学作品通过描写移民的返乡经历，与新西兰达尔马提亚人的移民经历产生强烈共鸣。

《那山那歌》突出的主题并非属于达尔马提亚人或其他移民族群特有，但可以表明巴蒂斯提奇在处理社会冲突中的人道主义价值观，以及年轻女主角走向成熟的过程。同时，也反映出达尔马提亚人的特性与其他族群特征具有相似性。比如，小说叙事中的性别和阶层，似乎可以纳入毛利作家斯特姆所界定的后地方主义新西兰小说的范式。《那山那歌》主要描写奥克兰的一个女孩少年时期和成年初期的生活，表现出新西兰移民作家创作的根本困惑：一个移民能够被主流社会接纳并为整个社会呐喊吗？或者说，移民的声音在一个主流社会傲慢的姿态下永远只能代表少数族群吗？①

小说中，巴蒂斯提奇描写的达尔马提亚人代表——凯蒂，不仅要努力做到种族和性别的换位思考，而且需要担当个人由于战争与萧条撕裂的社会角色，同时还要接受母亲帕伦提奇太太向她保证的完全开放的生活选项，"这是新西兰的伟大真理，任何人都可能成为人物"②。帕伦提奇太太选择性地不用"任何男人"来说明这一常理，当然，她女儿可以通过婚姻获得应有社会地位。凯蒂拒绝周围邻居的追求，回绝美国大兵的求爱，对心爱的表兄马迪突发心脏病去世极度悲伤，这些均表明她已经脱离谈情说爱的常规。带有非完整性的凯蒂，不愿墨守成规，只能成为异类，不可能成为集移民、国民和女主角为一身的代表性人物。

弗伦奇（French）对巴蒂斯提奇小说的反高潮结尾持批评态度，她否定巴蒂斯提奇的创作策略，并且戏仿她的言情风格解读作品。弗伦奇的批评说明主流文学倾向不愿承认边缘族群的文学反讽，因为"反讽显然是为主导或特权群

①　James Sanders, "Millie Batistich Sings Another Song", *New Zealand Herald* (5 May 1981), p. 6.

②　Amelia Batistich, *Another Mountain Another Song* (Auckland: Hodder and Stoughton, 1981), p. 42.

体保留的"①。弗伦奇不仅对巴蒂斯提奇的乐观主义创作态度感到不安，还认为小说对人物的观察不够深入，虽然问题提得很中肯，但并未提出解决方案。这一评价质疑巴蒂斯提奇在创作过程中忽略了小说形式本身的活力，以及短篇小说与长篇小说的联系。《那山那歌》是一段通往自我发现的文学旅程，不像传统的成长小说，女主角被简单地定义为她所在的生活范畴的参数，而是希望女主角在移民话语环境中可以通过边缘影响中心。

这两本小说是截然不同的作品，《山中吟唱》主要表现边缘族群的移民历史，而《那山那歌》则讲述奥克兰郊区移民争取新西兰身份的故事。在《那山那歌》中寻求融合不是阐释性的，而是在战争和萧条的社会背景下的单一叙事，浪漫情节只能服从国内及国际上的紧迫问题。基于社会平等的视觉，故事表现的危机改变了巴蒂斯提奇早期作品建立的参考标准，令人怀旧的达尔马提亚在移民心中的位置已经发生了变化。同时，成长中的凯蒂一直是关注的焦点，作为一种追求，她把自己完全融入凯蒂·帕伦提奇这个角色，不仅是达尔马提亚人，不仅是女性，不仅是帕伦提奇家族里的一分子，还是一个十分自我、不受约束的凯蒂。最终，她选择了一个移民同伴，一起去探索自己要走的人生道路。

巴蒂斯提奇在小说中这样描写社会动态，"在达加维尔，我们是一个与世隔绝的群落，在奥克兰，我们在城郊自食其力，听不见达尔马提亚的狗叫，更别提达尔马提亚人了"②。巴蒂斯提奇小说的女主人公寻求自己社会地位的奋斗经历，可以作为试图推进移民融入主流社会的范例。基德曼（Kidman）认为，巴蒂斯提奇属于为数不多的移民作家，她在自己的作品中反映部分欧洲移民群体及他们在新西兰的生活经历。基于巴蒂斯提奇40多年所做的努力，基德曼给她在新西兰文学中的定位是"她从来都不是关注的焦点，但在某种程度上，她创立了一种将会持久的另类文学"③。同时，基德曼认为巴蒂斯提奇为自己的族群发出一种清晰简约而激昂的、具有代表性的声音。

① Anne French, "Growing Up in the Sun", *Listener*, 3 October 1981, p. 84.

② Nina Nola, "Migrant Women's Writing in New Zealand: Amelia Batistich's Three-Dimensional World", p. 142.

③ Fiona Kidman, "Foreign Is Also Home", *Sunday Times*, 8 November 1987, section 2, p. 19.

五、移民性别政治书写

　　凯蒂和比她更年轻的斯特拉这样的第一代新西兰移民，获取新身份的任务并没有完全成功，这一任务可解读为复杂的性别政治。斯特拉的移民叙事有时包括其他少数族群的朋友，但对斯特拉来说，这些朋友只是在父权社会中共同承担女性痛苦的女孩。最令人痛苦的是斯特拉震惊地发现，马戏团的女骑手伊迪被妒火中烧的丈夫刺伤，离开了绚丽的舞台表演。斯特拉说，"马戏团女演员没有死，摩根医生缝合了她脸上的伤口，但无人能够缝合她脸上的另一处伤，她的笑容"[1]。斯特拉在伊迪的悲剧性面容上看到的女性面罩，具有与巴蒂斯提奇怀乡情结不同的潜在意义，混含着斯特拉对被谋杀的奎尼默默的同情。因为生活不检点受到丈夫惩罚，奎尼遭到残忍的报复，而约翰尼则要蹲15年大牢。斯特拉的父亲坚持认为约翰尼是个"好人"，斯特拉自己则不置可否。

　　斯特拉和凯蒂这样人物的女性身份比起类型化的人物身份复杂的多，巴蒂斯提奇以此质疑当初用移民特征重构自我的想法。比格尔霍尔（Beaglehole）在巴蒂斯提奇第二部短篇小说集《神圣的恐慌》（*Holy Terrors*）的书评中采用了"女性身份"构建的说法[2]。比格尔霍尔说留给她最震惊的印象是妇女的困境。在《回家的路》（*The Road Back*）中，她们无法想象的孤独生活充满令人难忘的细节描写，这是巴蒂斯提奇根据有关印度和达尔马提亚女性移民孤立无援和社会错位的传闻编写的故事。故事标题里的路在叙述中不断重复——"世界充满道路"、"迷失道路的迷宫"，以及"一条路，什么路"[3]——强调女性移民的生活看起来似乎很随意，其实表明新西兰之路走错了。妇女们想要生活的国家没有她们的位置：土壤贫瘠的茶园和荒山是一种不祥之兆，预示着这片土地永远不会被唤醒。特丽莎忘却遍地石头的达尔马提亚曾经看似充满敌意，奥匈帝国统治下的母国物质匮乏的生活是她们移民的原因，如今，她在绝望中质疑上帝，如果新西兰不宜居住，为什么还要创造她？

---

①　Amelia Batistich, *Another Mountain Another Song*, 1981.

②　Ann Beaglehole, "Struggle of Dalmatian Settlers", *Dominion*, 18 May 1991, section 2, p. 9.

③　Ibid., p. 9.

在这个故事里，巴蒂斯提奇隐含着对后现代和后殖民身份的焦虑，特丽莎的生活状态暗示着不毛之地的特征，周围一片空无，她"没有赋予这片空旷之地任何名称。名称属于那些能够称呼的东西，然而，没有一个名称她能够称呼它"①。在母国潜在的敌意中，无法清晰表达自我身份，特丽莎作为典型的移民成为一个另类女人，一个可怜的、缺乏感情的镜中人。一个健康、能干并积极向上的女人变得歇斯底里，对着镜子喋喋不休。她凭借自己的精神错乱吓唬丈夫，这个情节所揭示的赤裸裸的事实，说明达尔马提亚移民在橡胶地里的艰难生活多么缺少人性。

在她的心灵放逐中，特丽莎试图去逃避，这使她偶遇一位印度妇女，这位印度妇女像她一样，感到自己孤独得要死，渴望女性的陪伴。不能用语言交流，两个女人就用手势交谈，用动作表达自己的意思，而不是毫无意义地交流不相干的词语。她们创造了另一个世界，她俩在这个世界里活跃了整整一个下午。在巴蒂斯提奇的故事里，来自两个不同国家的移民，回应着各自的手势和表情，达尔马提亚妇女与印度妇女的这种交流，阐明了卡特（Carter）对移民在交流状态下进行模仿的验证：反映各自声音和姿态的两人之间无法交流时，正是模仿行为在她们之间开辟了一个空间，一个她们愿意分享的空间。②

这样女人通过跨越移民环境中的语言障碍暂时克服了她们的移居困境，卡特认为这一环境不是参照性的，而是自指性的。当处于长期精神分裂状态的特丽莎再也无法找到印度女人的踪迹时，《回家的路》永远迷失了，她对着一块玻璃说，"房子，来自科伦坡的女人，一条路，什么路？"③

巴蒂斯提奇文学中的移民妇女一定程度上存在于她们自己的镜像里，或其他女人的面相中。由于不能确定自己的身份，她们只能依赖于外在现实提供给她们的映像，这些映像包括超越语言障碍进行交流的手势和交谈的共同点，这

---

① Nina Nola, "Migrant Women's Writing in New Zealand: Amelia Batistich's Three-Dimensional World", p. 142.

② Paul Carter, "Living in a New Country", *Meanjin*, 49. 3 (1990), p. 447.

③ Nina Nola, "Migrant Women's Writing in New Zealand: Amelia Batistich's Three-Dimensional World", p. 140.

在所有被语言、文化和父权制度疏离的移民妇女身上都或多或少地存在，巴蒂斯提奇的短篇小说集里每篇都涉及对丈夫的描写，陈述他们移民的原因，以及他们对移居的痛苦麻木不仁。而这些妇女，则试图保留自己的传统，因此可以看出，虽然她们内心痛苦、心存疑问，但仍在寻求希望。

六、结　语

默里（Murray）在《神圣的恐慌》的书评中效仿弗伦奇，感叹巴蒂斯提奇的作品缺少温和的讽刺性和颠覆性的描写，觉得这些作品缺少应有的辛辣味。同时，默里认为她描写的第一批达尔马提亚移民非常真实，多愁善感、天真幼稚。在默里看来，《达尔马提亚的橄榄树》和《神圣的恐慌》里许多故事读起来令人难受，使人感受到一种因遭受流放而产生的痛苦。巴蒂斯提奇着重描绘内在视野破碎的灰暗画面，以及小说人物难以忘怀的精神世界，表明移民为创造财富、获得社会地位而奋斗终身完全无可厚非。巴蒂斯提奇的移民叙事寻求单一的新西兰故事，并没有考虑一些有助于发挥移民主体性的新主题。默里认为，多愁善感和质朴天真在当代文学创作中不利于真实描写历史性和社会性事件，这不是巴蒂斯提奇不懂文学创作方法，而是她边缘化移民写作的重要手法[1]。巴蒂斯提奇的人物不断寻找能够界定自我的地方，用经济的语言表达她们的恐惧、希望和梦想。这种语言虽然过于简单化，但运用说话模式的细微差别可以对小说叙事产生一定的影响。

主流批评家将这一风格归入语言朴实无华的写作手法，但这种归类是在主流文学框架内控制移民发声的一种形式。格尔德（Gelder）和萨尔兹曼（Salzman）提醒道，"我们也许应该提防轻率否定并不复杂的移民叙事的重要性"[2]。巴蒂斯提奇没有采取简单的对立方式，而是从文化差异可以接受的位置展开写作，当然也需要从这个视角去阅读。这并不意味着她的小说集要按照弗伦奇和默里

---

① Heather Murray, "Voices of the Past", *Octgo Daily Times*, 25 May 1991, p. 24.

② Ken Gelder and Paul Salzman, "Voices of Migrant Experience", *The New Diversity: Australian Fiction 1970-1988* (Melbourne: MePhee Gribble, 1989), p. 198.

的批评价值标准来评判，移民作家把自己及其族群写进国家的文学史应该无可置疑。

巴蒂斯提奇被广泛认为是代表克罗地亚裔新西兰人的重要声音，而且是复杂的新西兰社会的一部分，所以，她试图在作品中把自己写成新西兰人。她坚信主流社会倡导民族同化是唯一解决社会秩序的方法，于是把自己定位为"新公民"，这是移民精神生存必不可少的进程。作为构建现实的一种方式，巴蒂斯提奇为自己正名，或为不同的自己正名，探求如何在新西兰成为达尔马提亚人。哀叹失去的过往，怀恋过去的时光，巴蒂斯提奇的故事旨在促进本族社群的同化。这些故事成功开启了一段有关新西兰生活的对话，而不是增加"一连串独白，哀叹此处不是（从来不是）彼处"①。

成熟的政治意识支配着巴蒂斯提奇的文学创作，承载着克罗地亚人的文化文本，讨论着移民为生存垦荒种地的新西兰。巴蒂斯提奇的语言不仅是传递信息、讲述移民故事的工具，而且是大胆表达移民独特身份的媒介。通过表现不同状态的新西兰，巴蒂斯提奇致力于对国家及其居民重新定义，指出重读文本和陈述国家的方式。巴蒂斯提奇在现实主义文学作品中成功创造了一种简单的视觉，创作出一批自传式的作品，以及移民经历的小说。因此，她在新西兰文学界被视为普通的参与者，不受重视的局外人。由此可见，新西兰多元文化及其双重逻辑再次说明主流与他者之间存在明显差异。

---

① Nina Nola, "Migrant Women's Writing in New Zealand: Amelia Batistich's Three-Dimensional World", p. 140.

刍议"毛利文艺复兴"时期小说中的土地问题

张玉红 [①]

摘要：土地问题一直是新西兰毛利小说中的首要问题之一，在毛利人身份建构中起着关键作用。为了反抗殖民压迫，复兴毛利文化传统，伊希马埃拉、格雷斯和休姆等"毛利文艺复兴"时期的小说家将土地作为小说创作的主题，通过对土地问题的探讨，表达了或浪漫怀旧，或奋起抗争，或积极接纳的态度。土地在作家作品中的不同表征，反映了毛利人的文化传统与归属感，在彰显毛利民族意识，复兴民族传统方面具有重要意义。

关键词：毛利小说；"毛利文艺复兴"；土地

作为后殖民时期原住民文学的典型，毛利人 [②] 的小说创作吸引了众多国际学者的目光，但在国内，由于读者对毛利文学的关注度不够，而且毛利小说中不时出现的与毛利传统相关的毛利语词汇，让读者无所适从，学界对毛利小说的专门研究并不多。迄今为止，国内关于毛利小说的相关研究主要有虞建华在《新西兰文学史》第十四章"毛利作家的崛起"中对"毛利文艺复兴"时期主

[①] 张玉红，安徽大学外语学院讲师，安徽大学大洋洲研究中心成员，安徽大学文学院中外语言与文化专业博士研究生，研究方向为美国、新西兰族裔女性文学。

[②] 琳达·图希瓦伊·史密斯认为，在新西兰，不同起源和部落术语常被用来区分毛利群体，所以"毛利人"（Maori）或"坦加塔人"（tangata whenua）比"土著人"（indigenous）更常见。"毛利人"一词虽然是一个土著术语，但已被确定为定义"毛利人"（Maori）和"白人/帕卡哈/非土著殖民者"（Pakeha）之间殖民关系的标签。Linda Tuhiwai Smith, *Decolonizing Methodologies: Research and Indigenous Peoples* (London: Zed Books Ltd, 2021), p.6。

要作家及其代表作品进行的简介 ①，赵友彬、刘树森、杨中举、朱振武等评介新西兰毛利小说传统的论文，以及刘略昌、谭彦纬等关注毛利小说传统与身份认同问题的研究 ②。

关于毛利小说中的首要问题之一的土地问题，一直没有专门的相关研究。作为殖民斗争的目标，土地既是毛利小说家创作的背景，也是毛利人重建民族身份的根基。本文以"毛利文艺复兴"时期三位代表作家威提·伊希马埃拉（Witi Ihimaera，1944 —）、帕特里夏·格雷斯（Patricia Grace，1937 —）和克里·休姆（Keri Hulme，1947 — 2021）的小说中的土地表征为例，探讨"毛利文艺复兴"时期小说家如何在创作中通过对土地问题的探讨，表达毛利人针对土地问题所呈现出的或浪漫怀旧，或奋起抗争，或积极接纳的态度，进而揭示土地在反映毛利文化传统与归属感，彰显民族意识，复兴民族传统，建构民族身份中的作用。

一、"毛利文艺复兴"

早期毛利人没有书面文字，但他们的音乐、舞蹈、雕塑，以及世代口口相传的神话、传奇和民谣等口述文学形式，均是其历史、文化、生活、思想与信仰的重要组成部分。1769 年，詹姆斯·库克（James Cook）船长率船队登陆，结束了毛利人长达一千余年的自然发展状态。西方殖民者抵达之前，新西兰约有 20 万毛利人，有 50 个"部落"（iwi）和若干"部落联盟"（waka），主要分布在北岛各地 ③。毛利人是这些岛屿的第一批居民，千百年来，这片土地为他们提供了源源不断的食物，让他们得以生存繁衍。正因为土地是他们生存的物质基础和灵魂栖息之所，当得知英国殖民者圈占他们土地的真相后，一场夺地之战就由星星之火变成了燎原之势，这就是新西兰历史上著名的"毛

---

① 虞建华：《新西兰文学史》（修订版），上海教育出版社，2015，第 220 页。

② 谭彦纬：《传统的回归与再造——新西兰毛利小说中的身份认同》，《当代外国文学》2018 年第 1 期，第 63 页。

③ 汪诗明：《新西兰南岛属"无主地"吗？》，《学海》2017 年第 3 期，第 198 页。

利战争"①。

1840 年 5 月 21 日，通过与毛利人缔结怀唐伊条约（Treaty of Waitangi），英国宣称对新西兰北岛拥有主权。1907 年，新西兰宣告独立，政治上结束了隶属于英国的殖民时代，文化上也产生了一批具有独立国家和民族意识的作家。威廉·撒切尔（William Satchell，1860—1942）、凯瑟琳·曼斯菲尔德（Katherine Mansfield，1888—1923）、弗兰克·萨吉森（Frank Sargeson，1903—1982）等作家的作品在历史文化背景、题材、主题、人物个性及叙事特征等方面，不再依附于英国文学传统，呈现出明显的新西兰民族特色。但同时，"殖民者一方面从英国获得了政治独立，另一方面却继续对当地的土著居民进行着政治和文化的霸权统治"②。20 世纪 60 年代，新西兰此起彼伏的抗议活动将毛利人的土地斗争带入公众视野。1975 年，惠娜·库珀夫人（Dame Whina Cooper）领导的土地游行运动将这些抗议引向高潮。毛利人的族裔意识与自豪感在久被压抑之后重新抬头，并通过各种文艺形式得以呈现。他们主张进行社会政治变革，要求保留和管理毛利人的土地，将毛利语纳入学校课程等③。在抗议活动的每一阶段，毛利民族文学传统都在塑造和见证这些剧变中发挥了重要作用，挑战了白人文学占主导地位的传统文学模式，从根本上拒绝了毛利人的殖民身份。

虽然新西兰在国际上一度被誉为种族和谐关系的典范，但直到"毛利文艺复兴"之前，毛利人在新西兰文学中几乎没有存在感。在白人殖民者笔下，毛利人总是以凶猛的食人族、美丽的当地人，又或是高贵而垂死的种族等形象出现。与澳大利亚土著文化或美洲印第安文化遭受的战争和破坏不同，毛利文化是在不断的白人殖民同化过程中逐渐丧失个性的。由于经济、宗教，甚至是纯粹的相互吸引等原因，毛利人与欧洲定居者通婚，采用殖民者的生活方式，

---

① Danny Keenan, *Wars Without End — The Land Wars in Nineteenth-century New Zealand* (New York: Penguin Books, 2009), pp. 129-252.

② Michelle Keown, *Pacific Islands Writing: The Postcolonial Literatures of Aotearoa / New Zealand and Oceania* (Auckland: Oxford University Press, 2007), p. 24.

③ Karen Fox, *Maori and Aboriginal Women in the Public Eye Representing Difference, 1950–2000* (Canberra: The Australian National University Press, 2011), p. 37.

有时甚至会急切地抹去在他们看来已经过时的毛利语言和习俗的痕迹。从政治和历史背景看，"毛利文艺复兴"是新西兰自20世纪三四十年代文化民族主义运动以来最重要的文学运动，延续了可以追溯到19世纪中期的毛利民族主义运动。然而，在其吸引力的广度和影响的深度上，它超越了早期的任何运动，产生了大量的文学和批判性作品，试图使殖民者的后代摆脱对宗主国的殖民依赖，让人们在一个双元文化国家中主张一种独立的民族主义，用毛利人自己的表达方式，讲述历史，表达主张，代表一个真正的后殖民时期的新西兰（Aotearoa–New Zealand）①。无论是在新西兰国内还是国际上，"毛利文艺复兴"均因其转变欧洲衍生的文学、文化和艺术实践流派以适应非欧洲的经验，在美学实践中结合传统和当代视角，以及对毛利文化特色毫不妥协的主张而得到认可。这一时期作家们的创作原则——延续欧洲人到来之前的毛利历史，追寻当前双元文化中的平等，尊重积极的文化差异，认同毛利人拥有一个独特的世界观，承认毛利人的土地优先享有权等——极大地影响了新西兰小说及新西兰文学和文化批评。文学界关于"毛利小说"作为新西兰民族文学的一种子类型，对其形式、功能和影响的争论，在某种程度上引发了关于毛利人文化和身份的更广泛的辩论，并塑造了毛利人和白人看待自己和彼此的方式。时至今日，"毛利文艺复兴"中的两个主要问题——土地与语言——继续在毛利文学中占据主导地位。

作为当代新西兰毛利文学的重要主题之一，土地不仅是殖民者的殖民目的，也是故事发生的背景，更是一个代表毛利传统和归属感的地方，提醒人们不要忘记过去。自伊希马埃拉1973年出版小说《葬礼》（*Tangi*）以来，大批毛利作家投身于小说创作，短短三四十年间，就形成了享有高度国际声望的"毛利小说"（the Maori novel）这一文化现象。尽管使用英语写作，毛利小说家们却不满足于模仿西方小说，而是将本民族的口头文学传统融入小说这一来自西方的艺术形式，在虚构文本中探讨毛利民族个人与群体在当代社会的生存境况。

---

① Mark Williams, *A History of New Zealand Literature* (New York: Cambridge University Press, 2016), pp. 277-288.

这些作家的作品成就了毛利小说史上一系列的"第一"：伊希马埃拉出版短篇小说集《绿岩，绿岩》（*Pounamu Pounamu*, 1972）和小说《葬礼》（*Tangi*, 1973），成为新西兰第一位毛利作家；格雷斯则因小说集《温泉》（*Waiariki*, 1975）和小说《月亮睡了》（*Mutuwhenua: The Moon Sleeps*, 1978）成为第一位毛利女性小说家；休姆1985年凭小说《骨头人》（*The Bone People*, 1983）获得布克奖，是新西兰第一位获得该奖的作家①。这些以欧洲教育模式培养出来的毛利作家，扎根毛利人日常生活，"以重写历史的方式向主流的历史观发起挑战，对西方的经典文学和英语语言进行解殖，重新界定毛利人与白人之间的关系"②，具有鲜明的民族文化特征。在经过多年的被镇压和无法用自己的声音言说之后，以伊希马埃拉、格雷斯、休姆为代表的毛利作家们，在作品里叩问白人殖民者对毛利人土地进行的持续殖民问题，挑战殖民者的既定叙事，戏剧化地表现毛利人争取主权的斗争，通过文学作品呈现毛利人对世界和新西兰历史的具体看法，"通过写作，毛利人定义自己，坚持自己的故事，反对征服者的故事"③。

二、土地是过去，亦是归属
——《女族长》中的土地问题

伊希马埃拉1944年出生在北岛偏远的东海岸附近一个小村庄（Waituhi），作为新西兰第一位毛利作家，除了短篇小说集《绿岩，绿岩》和小说《葬礼》之外，其作品还有史诗小说《女族长》（*The Matriarch*，1986），《鲸骑士》（*The Whale Rider*, 1987）、《亲爱的曼斯菲尔德小姐》（*Dear Miss Mansfield*, 1989）、《布里巴萨》（*Bulibasha: King of the Gypsies*, 1994）和《西班牙花园

---

① Mark Williams, "The Long Maori Renaissance", in Brenda Deen Schildgen, ed., *Other Renaissances: A New Approach to World Literature* (Gordonsville: Palgrave Macmillan, 2006), pp. 207-226.

② Paola Della Valle, *From Silence to Voice: The Rise of Maori Literature* (Auckland: Oratia Media, 2010), p. 97.

③ Patricia Grace, *Potiki* (Auckland: Penguin Publishing House, 1986), p. 104.

的夜晚》（*Nights in the Gardens of Spain*, 1995）等。伊希马埃拉的族人从未在怀唐伊条约上签下他们部落的印鉴（moko），认为白人殖民与怀唐伊条约的签订，削弱了毛利人的自主权，让"毛利文化之绳"（te taura tangata）变得极其脆弱。在《女族长》中，伊希马埃拉以农村生活为背景，探讨毛利人的生活、家庭及其与土地的联系，强调毛利人与他们的土地和水域之间一千多年以来的和谐关系。土地的价值并不像在许多帕卡哈家庭中那样，是繁荣的标志，而是因为土地与毛利族人的公共联系，是上帝所赐，是生养之物。没有土地就没有食物，没有食物就没有生命，因此，"失去土地不仅意味着我们会一文不名，我们还将变得一文不值"[1]。

　　土地既是毛利人不可剥夺的权利，也是他们祖先遗产的一部分，在毛利文化中，"土地不是人类的附属品，相反，人类归属于土地"[2]。人们与土地保持密切联系的一个重要标志是在婴儿出生后举行的埋葬胎盘的仪式中："'帕帕图努库'（Papatuanuku）是大地的母亲，包含了大地的所有要素；她的直接形式就是'韦努亚'（whenua），土地。'韦努亚'在毛利语中也是'胎盘'的意思。胎盘在婴儿出生后通过简单的仪式迅速埋葬。无论在城市还是乡村，毛利人至今依然这么处理胎盘。'韦努亚'这个词本身就是毛利人与土地之间紧密关系的最直接表达。"[3]

　　虽然埋葬胎盘的仪式因部落而有所差异，但其中蕴含的毛利人生命哲学是一致的，即，通过把胎盘埋入土中，大地母亲将继续滋养和维持全人类的生命。《鲸骑士》中，女主人公卡湖（Kahu）出生时，母亲雷华（Rehua）难产，只能由她的家人把胎盘带回故乡："雷华还在重症监护室，卡湖的父亲波鲁朗吉（Porourangi）不得不在那里陪护，但是雷华想要把卡湖的胎盘和脐带送回村子里，埋在族人集会地（marae）。"[4]卡湖只有三个月时，雷华去世。卡湖的

① Witi Ihimaera, *The Matriarch* (Auckland: Heinemann, 1986), p. 236.
② Paola Della Valle, *From Silence to Voice: The Rise of Maori Literature*, p. 7.
③ Ngahuia Te Awekotuku, "Maori: People and Culture", in D. C. Starzecka, ed., *Maori Art and Culture* (New York: Columbia University Press, 1996), p. 33.
④ Witi Ihimaera, *The Whale Rider*, (Oxford: Heinemann, 2005), p. 16.

父亲波鲁朗吉和爷爷同意由她的外婆把她带走抚养。卡湖的奶奶弗劳尔斯（Nani Flowers）坚信，既然卡湖的胎盘埋在她父亲族人的土地上，她与族人的联系就不会断。卡湖的叔叔罗维里（Rawiri）回忆起，在卡湖被带到她外婆身边之前，奶奶弗劳尔斯对小卡湖说："没关系，孩子。你的脐带在这里。你永远不会失去我们。"罗维里惊叹于奶奶弗劳尔斯的智慧，也感慨雷华的明智，"在我们的家谱中给孩子命名，并把她与我们的土地紧密相连"①。

　　毛利人的身份也与他们各自所属的部落（iwi）、子部落（hapū）或家族（whānau）的集会地（marae）直接相关："毛利精神最明显地体现在他们对土地的依恋上。土地对他们而言是神秘的，他们看重的不是土地的物质价值。他们在土地的怀抱里，组成家庭，相亲相爱，享受着土地的滋养。在伊希马埃拉和格雷斯的作品里，连建在故土的议事厅（wharenui）都具有人体的形状。毛利人集会地由一片带围栏的雕刻建筑及其周围场地构成，包含刻有图案的议事厅、开放式的厅前空间（marae ātea）、餐厅和厨房区域、卫生间和洗澡间，可用于举办集会、庆典、葬礼等重要部落活动，是彰显毛利文化和风俗习惯（Maoritanga）的重要地点。作为其中最重要的建筑，议事厅按照人体结构设计，代表部落中某一位特定的祖先——正面屋顶上雕刻的人形（tekoteko）代表他的头，前破风板（maihi）是他张开的双臂，前面的短板（amo）代表腿，而横穿屋顶的大圆柱房梁（tahuhu）则代表他的脊柱。人们进入议事厅，如同进入祖先的身体，感觉就好像是被祖先拥入怀中。"②从这个意义上说，建筑也具有了生命。自"毛利文艺复兴"以来，议事厅一直是毛利文学中的一个中心象征，成为举行仪式之地，记录社区生活，体现了毛利人对世界的感知。

　　女族长在议事厅里给孙子讲述毛利人与他们的土地之间的故事，表达了对失去土地的深切悲痛之情："我们是这片土地的原住民（tangata whenua）。没人知道我们的祖先是怎么来到这里的。也许一直都在这里——从远古众神时代开始，我们的人民就住在这里了……大概一千多年了吧。这是我们的土地。我

---

①　Witi Ihimaera, *The Whale Rider*, p. 38.

②　Karen P. Sinclair, "Maori Literature: Protest and Affirmation", *Pacific Studies* (1992), 15 (4): 283-307. p. 294.

们一直生活在这里。这也是你的生活和土地。……后来，白人来了。"①小说结尾部分，女族长重述白人抢占他们土地的故事，以便让她的孙辈了解毛利人现状与历史，谴责白人对毛利人进行的羞辱与掠夺："土地问题，总是土地问题。毛利人拥有土地，但白人一直渴望得到它。从1840年有组织的白人殖民统治开始，许多毛利人部落就一直反对出售土地。有传言说政府打算没收所有毛利人的土地……毛利人和白人对这个国家的未来的看法是完全不相容的。政府试图购买越来越多的土地，这是白人定居者急需的；毛利人认为政府的购买企图违背了他们所表达的保留土地的愿望。于是，这场持续多年、令人疲惫不堪的战争开始了。"②

土地冲突的失败严重打压了毛利人的抵抗，削弱了他们的信仰，迫使他们逐渐忘记自己的毛利文化身份："仅仅是拿走我们的土地还不够。哦，不，白人连我们的灵魂都要抢走！我们不仅必须放弃我们的物质世界；我们连我们的精神世界也无法留住。"③通过呈现土地与毛利人的关系，伊希马埃拉提醒人们注意这片土地对毛利人的重要性，也揭示了正是欧洲人的到来及其对毛利人进行的土地殖民阻碍了毛利人的发展，使其历史和传统遭受极大破坏。

三、抵抗殖民压迫、争取主权的阵地
——《波蒂基》中的土地表征

与伊希马埃拉一样，格雷斯也是"毛利文艺复兴"时期用英语进行创作的第一代毛利作家，不仅在新西兰本岛和太平洋地区国家享有盛名，也是当代后殖民小说英文创作领域最重要的作家之一。格雷斯出生于惠灵顿，母亲是欧洲人，父亲是毛利人。英语是她的母语，毛利语是某种具有仪式性质的语言，其交流范围有限："我只有在葬礼（tangi）仪式上才能听到人们说毛利语，而那

---

① Witi Ihimaera, *The Matriarch*, pp. 4-6.
② Ibid., pp. 238-239.
③ Ibid., p. 71.

种机会是不常见的。我们有我们知道和使用的毛利语词汇，但也仅此而已。人们日常交流并不使用毛利语。"①

1975 年，格雷斯出版短篇小说集《温泉》，获休伯特·丘奇（PEN/Hubert Church Award）国际笔会奖最佳小说奖。作为新西兰毛利女作家出版的第一部短篇小说集，《温泉》关注土地转让和毛利语兴衰这两个自"毛利文艺复兴"以来一直热议的话题，在新西兰文学史上具有里程碑式的意义②。到目前为止，格雷斯共创作了十多部长篇小说，其中，《波蒂基》获新西兰国家图书奖（the New Zealand Book Award for Fiction），并于 1994 年获法兰克福文学奖（the LiBeraturpreis in Frankfurt, Germany）。

20 世纪 70 年代，即格雷斯创作构思《波蒂基》的时代，毛利人对新西兰政府侵占土地的抗议正处于高潮。恩加蒂·瓦图亚（Ngati Whatua）部落占领他们祖传的土地作为堡垒，但最终被警察镇压。伊娃·里卡德（Eva Rickard）领导的毛利人部落在拉格兰高尔夫球场（the Raglan Golf Course）抗议。这块地在二战期间被政府以修建机场为由征用，直到战争结束，机场并未建成，土地也一直没有归还给毛利人。最终，通过抗争，这两个部落收回了一部分本该属于他们的土地③。

和伊希马埃拉的小说一样，格雷斯的小说也记录了传统价值观和生活方式的丧失过程——从 19 世纪早期的殖民，到 20 世纪中期的现代化，尤其是搬到城市之后毛利人的生活。但同样的过程在这两位毛利人作家的作品中呈现出完全不同的反映。与伊希马埃拉的怀旧不同，格雷斯的作品显示她努力将过去与现在重新融合，从抗争中寻找力量，希望通过弘扬毛利文化传统价值来改变现

① Adam Dudding, "The Interview - Patricia Grace - Academy of New Zealand Literature", *Academy of New Zealand Literature*, 2016, www.anzliterature.com/interview/patricia-grace-in-conversation-with-adam-dudding/.

② Michelle Keown, *Pacific Islands Writing: The Postcolonial Literatures of Aotearoa / New Zealand and Oceania*, 142.

③ Patricia Grace, "Influences on Writing", in Vilsoni Hereniko and Rob Wilson, eds., *Inside out: Literature, Cultural Politics, and Identity in the New Pacific* (Lanham: Rowman & Littlefield, 1999), pp. 65-74.

状，而不是把过去浪漫化。她不希望现代毛利人忽视当下生活，转向一个理想化的过去。在一次访谈中，格雷斯表明自己的创作带有政治动机，因为她想要为国内被政治边缘化的群体发声："这个群体在数量上就是少数派。在自己的国家，这个群体因为国家历史上所发生过的政治和社会事件而变得更加弱势。如果写出了他们的脆弱，无论是否有意为之，这样的创作都带有政治性。"①

格雷斯所在的新西兰，毛利人经历的殖民与美国土著印第安人一样，是一种"内部殖民主义……通常被称为定居者殖民主义"，而毛利人也和印第安人一样，"不是后殖民主义的民族。相反，直到今天，毛利人仍然是被殖民的民族"②。在区分新西兰、加拿大和澳大利亚的殖民主义和非洲的殖民主义的不同之处时，史密斯指出："殖民主义在新西兰，像在加拿大和澳大利亚一样，都是白人统治者享有特权，土著人口属于被殖民的、绝对的少数民族。"③"为了让原住民从这片土地上消失，殖民者从各个方面对其进行压迫或同化"，在这样的国家和地区，多元文化主义只不过是移民殖民主义的一种工具，和解是不可行的，因为"想要和解的愿望和想要原住民消失的愿望一样无情；这是一种不再需要处理这个（原住民）问题的愿望"④。

毛利人的身份与他们所属的土地直接相连，毛利文学的目的是"确认社区成员之间的相互联系以及个人、家族和土地之间的共同身份"⑤。小说《波蒂基》与《女族长》同时出版，二者有明显的相似之处：城里来的白人房产开发商想要拥有更多土地，用尽各种办法威胁毛利人出让土地。与伊希马埃拉不同，格雷斯以一种更乐观、积极和主动的方式处理土地与现代毛利人的身份问题。塔

---

① Paloma Fresno Calleja, "An Interview with Patricia Grace". *Atlantis*. 2003 (1): 109-120, p. 113.

② Jace Weaver, *That the People Might Live Native American Literatures and Native American Community* (London: Oxford University Press, 1997), p. 10.

③ Linda Tuhiwai Smith, *Decolonizing Methodologies: Research and Indigenous Peoples*, (London: Zed Books Ltd, 2021), p. 70.

④ Eve Tuck and K. Wayne Yang, "Decolonization Is Not a Metaphor", *Decolonization: Indigeneity, Education & Society*, vol. 1, no. 1, 8 Sept. 2012, pp. 1-40, p9.

⑤ Janet Wilson, "Suffering and Survival: Body and Voice in Recent Maori Writing", in Merete Falck Borch, Eva Rask Knudsen, et al, eds., *Bodies and Voices: The Force-Field of Representation and Discourse in Colonial and Postcolonial Studies* (Amsterdam: Rodopi, 2008), p. 267.

米哈纳（Tamihana）家族里的三代毛利人，在试图保持自己民族文化传统的同时，又受到白人文化影响。其家族成员主要包括男女主人公赫米（Hemi）和罗伊玛塔（Roimata）夫妇，他们的孩子詹姆斯（James）、坦吉莫阿纳（Tangimoana）、马努（Manu）和拖蔻/波蒂基（Toko/Potiki），赫米的妹妹玛丽（Mary）和母亲塔米哈纳奶奶（Granny Tamihana）。塔米哈纳家族为了保护家族土地远离开发商的蚕食，历经磨难——男主人公赫米失业，家族土地被洪水淹没，议事厅被烧毁，最小的儿子拖蔻被白人开发商纵火烧死。

　　和伊希马埃拉一样，格雷斯在创作中也"运用毛利人的视角讲述故事，撼动了新西兰文学传统中以欧洲为中心的创作手法"[1]。毛利人的生活一直依赖于土地耕种，毛利文化也坚信毛利人与土地之间有一种特殊的、有机的联系，"毛利人对土地的亲近感大致可以归结于一种身份认同，毛利人最初在新西兰定居后，就没有离开过这片土地"[2]。毛利人部落，尤其是定居在南岛的毛利人，大多过着一种漂泊不定的生活，他们与土地之间就其物质形式而言是一种天然的、较为松散的关系，但在精神层面却是异常紧密且不可分割的。然而，由于殖民者的影响力日益增强，土地逐渐成为殖民剥削的目标。"早期的定居者，如传教士、捕鲸者和商人，都渴望得到土地。毛利人首领通常允许白人在一块土地上定居以换取货物，但他们并不认为这意味着给予白人绝对所有权。相反，毛利人认为这是对特定权利的转移，而他们自己的权利却没有受到影响。毛利人热衷于吸引白人进行贸易，土地交易也很常见。"[3]对毛利人而言，土地归部落所有，即便是部落酋长，如果不经部落成员同意，也无权处置土地。因此，保护祖传土地及生活在这些土地上的人民显得至关重要——保护土地就意味着保护土著人民及其传统文化。

　　《波蒂基》与《女族长》都戏剧化地描述了毛利人的土地抗争，从毛利人

---

① Suzanne Romaine, "Contested Visions of History in Aotearoa New Zealand Literature: Witi Ihimaera's *The Matriarch*", *The Contemporary Pacific* (2004) (16):31-57.

② John B. Beston, "The Fiction of Patricia Grace". *ARIEL: A Review of International English Literature 15*, (1984). (2): 41-53. p. 47.

③ *The Te Ara Encyclopedia of New Zealand*, http://www.teara.govt.nz/en/land-ownership/page-1.

的角度戏剧化地展现殖民者掠夺土地的过程。但是，《女族长》对殖民和抵抗的历史经验进行了宽泛的处理，而《波蒂基》则将整个过程集中在一个小小社区的斗争中，展现毛利人如何抵抗白人对他们的土地进行的殖民："现在，人们更多地关注他们的土地。不仅如此，他们还关注所有属于他们自己的东西。如果他们不想从这个地球上消失，就必须这么做。他们现在又有了更大的决心，这决心给了他们希望，这希望反过来又给他们带来信心和活力。事情变得越来越激烈，人们正努力抓住一种有可能灭绝的语言，同时也在努力夺回多年前失去的土地。"[①]

新西兰的殖民统治使毛利人的生活方式发生了很多变化，其中他们的财产所有权也发生了变化——土地被定居者买下，满足实用的需要，"土地和身体都成了殖民征用、剥削和暴力的场所"[②]。土地被划分为乡村地区——仍然珍视传统的乡村地区——和城市腐败地区，随着白种人而来的是一个挣工资的城市社会。因此，毛利人移居城市找工作是不可避免的，他们与土地的古老联系被切断，与家庭的联系也被削弱。"所有人都面临着这样的日常现实，即他们的土地与文化同时遭到殖民社会的攻击与否认。"[③]《波蒂基》中的男主人赫米为能够耕种自己的土地而自豪，因为依靠耕种他可以养家，也不用支付房租给房东："如果耕种土地，至少人们可以说，他们能够看到自己劳动的果实，得到应该属于自己的那份。而为那些老板工作，你无论如何都会一直贫穷，却让老板更加富有。"[④]

《波蒂基》将故事作为一种重述历史的方式，向世界传达毛利人的经历与真实的毛利声音，而不是官方的名为"历史"的事实。通过重述毛利人被殖民的历史，将其与毛利人正在经历的事件相结合，格雷斯再现了毛利人民的日常斗争："我们很少在白人让我们读的书中发现自己，但在我们自己的书中，我

---

① Patricia Grace, *Potiki*, p. 60.

② Chris Prentice, From Visibility to Visuality: Patricia Grace's Baby No-Eyes and the Cultural Politics of Decolonization. *Modern Fiction Studies 55*, 2009. (2): 321-348. 2009, p. 322.

③ Taiaiake Alfred and Jeff Corntassel, Being Indigenous: Resurgences against Contemporary Colonialism. *Government and Opposition 40*, 2005 (4): 597-614. p. 599.

④ Patricia Grace, *Potiki*, pp. 146-147.

们能够找到并定义我们的生活。议事厅是我们最重要的书，它本身就是一个故事，一部历史，一座画廊，一间书房，一栋具有设计感的建筑，一座宝藏（taonga，毛利语：宝藏）。毛利人也是这本书的一部分，其中包括我们家族的过去和未来。陆地、大海和海岸也是一本书，我们从中汲取知识，吸收营养，也在那里发现自己。它们是我们自己的宇宙，伟大的事迹，有关魔法和想象，爱情和恐怖，男女英雄，恶棍和傻瓜的故事。那些故事一辈子也讲不完。我们发现我们自己的宇宙和任何别的宇宙一样广大辽阔。"①

毛利文化认为祖传土地上的住宅如何建造及建在哪里很重要，所以格雷斯在小说开篇就描述了这个家族的祖传土地。赫米家的房子紧邻祖传土地（papakainga），窗户对着整洁弯曲的海岸，两边是其他塔米哈纳家族成员的房子，议事厅在海岸的另一头。白人开发商多尔曼先生以为议事厅可以在任何地方选址重建，所以提出可以给他们在城市提供住所，把议事厅搬到城里去。但在毛利人看来，"中心"是靠近家族和祖先的土地的地方，议事厅才是中心，是中心的中心，而不是多尔曼先生所认为的"中心"是更接近城镇的地方。对议事厅的描述进一步表达了议事厅在毛利家庭中的文化意义——它不仅仅是一个地方，还是这个地方所代表的人民的故事，代表土地和人民的精神，也是毛利人的立足之地，"议事厅是有温度的。这是木材的温度，也是聚集在里面的人们的温度。这温度既来自过去曾在这里聚会的人们，也来自在这里进进出出的人们"②。

除了议事厅，"乌鲁帕"（urupa，墓地）所在之地也是一个纪念祖先和过去的地方，对毛利人至关重要。通过参拜墓地，毛利人得以了解他们的祖先，"一旦进入墓地，他们会读石碑上的内容，讨论死者的过往，讲述那些他们听过或讲过的一遍又一遍的故事"③。《波蒂基》有一整章以"乌鲁帕"为标题，专门描述墓地，强调人们对墓地的精心看管，是为数不多的第三人称叙述的章节之一，讲述毛利人对死去的族人的回忆。多尔曼先生认为，毛利人并没有看

① Patricia Grace, *Potiki*, p. 104.
② Ibid., p. 88.
③ Ibid., p. 121.

到土地的"全部潜力"，比如"价值近百万美元的景观"，将这些土地明码标价，并为其编号："JI36 街区，房屋所在的附属街区，以及房屋后面的 J480至 489"，所以他觉得自己有权以任何可能的方式获得毛利人的土地。对毛利人社区来说，土地不是一种可以交易或出售的商品，而是不可剥夺的祖先土地，是他们的安身立命之所，代表他们的身份，"我们把它给你，我们就失败了。我们又会成为奴隶。而我们才刚刚获得自由"①。为了迫使他们放弃家园，白人开发商在溪水中央建了一座水坝，挖了一条水道通往赫米家族的墓地所在地，洪水泛滥，冲垮了墓地边的河岸，淹没了墓地和花园。赫米一家奋起反抗，并最终在与开发商的战斗中获胜，但他们的胜利付出了难以承受的代价——最小的儿子拖蔻被烧死在着大火的议事厅之内。拖蔻死后，白人开发商项目停摆，道路和建筑被摧毁，建筑机器被推入大海。

正如汉森（Allan Hanson）在《毛利人史话：文化创造及其逻辑》中所指出的那样，"白人文化与自然不协调——它污染环境，缺乏与土地的紧密联系"②。当人们拒绝出售土地时，他们摧毁土地，淹没墓地，放火焚烧议事厅。通过占有土地，殖民者掠夺毛利人的文化遗产，但毛利人所关心的不仅仅是土地的丧失，他们也反对白人对土地的过度开发，"山丘和大海不属于我们，但我们也不希望它们遭到破坏。我们只能和那些喜欢游泳、露营、钓鱼、不希望海洋或陆地被改变的人一起，反对过度开发。我们和他们一样，不希望这家公司在海里建造动物园和马戏团，制造噪声和污染，或者在岸边建一排排的宫殿、城堡和纪念品商店，在海面上建旋转餐厅"③。

小说结尾，作者写道："群山受到的伤害会持续很长一段时间，海滩也会被破坏，但随着生长的恢复，伤疤将会愈合，因为森林总是在那里，盘绕在土地上。而海岸，陆地和海洋的交汇处，将再次变得干净。"④在经历痛苦、忍

① Patricia Grace, *Potiki*, pp. 89-95.
② Allan Hanson, "The Making of the Maori: Culture Invention and Its Logic", *American Anthropologist 91*, (1989)(4): 890-902, p. 894.
③ Patricia Grace, *Potiki*, p. 98.
④ Ibid., p. 169.

耐与抗争之后，毛利人终将获得独立，而毛利社群与白人资本力量的抗争，很大程度上阻挡了白人的再次殖民，重构了毛利文化传统。

四、土地健康与毛利人精神
——《骨头人》中土地的治愈力

八分之一毛利血统的休姆宣称自己是"毛利作家"，其作品《骨头人》的女主人公克蕾温也是一个具有八分之一毛利血统，但宣称自己在情感、心理与精神上"全然毛利"的画家。《骨头人》出版于1983年，1985年获布克奖，是新西兰作家直面后殖民时代种族问题、探索和解之道的文学名作。休姆在小说中将土地塑造成一个至关重要的角色，毛利人与土地的独特联系强大到足以治愈殖民和现代化带来的现代疾病，在治疗主人公克蕾温·霍姆斯（Kerewin Holmes）的癌症和乔·吉莱利（Joe Gillayley）的酗酒和暴力方面，土地显示出强大的治愈功能。

克蕾温出走原生家庭，离群索居，矢志艺术，却发现自己不但创作力日渐干涸，生活也失去了意义，以至于到了自问"我为什么活着"的绝望境地①。这一局面因白人哑童西蒙·吉莱利（Simon Gillayley）在游荡中擅自闯入克蕾温的居所而改变。克蕾温由此与西蒙及其养父——远离族人而鳏居的毛利男子乔·吉莱利——结缘，三人之间尽管没有血缘纽带，却逐渐发展出一种颇有惺惺相惜之意的拟态家庭生活。作为一个白人孩子的单身父亲，乔的遭遇让他与毛利文化割裂。殖民者对毛利人的刻板印象让他倍感自卑，只能通过酒精和暴力来发泄沮丧和愤怒。在与乔的交流中，克蕾温明白了乔的失意不仅仅因为西蒙的顽劣，很可能来自殖民对他的影响。白人殖民者向人们灌输恐惧的最好方法之一就是恐吓他们，让他们相信自己身体丑陋，智力低下，文化野蛮，没有未来。

对此，顾明栋指出，"正是殖民地宗主国和被殖民的非西方国家和地区的人

---

① Keri Hulme, *The Bone People* (Auckland: Hodder and Stoughton, 1985), p. 62.

民对西方现代性的阴暗面缺乏足够的清醒认识，使得白人优越论在精神思想领域难以被彻底根除，至少是在无意识层面难以消失，而且常常以主体没有自觉意识到的方式表现出来"①。乔被这种内化的恐惧所支配，极度自卑，疏远家庭，迷失自我。不谙世事的西蒙视别人的财产如无物，终因偷窃克蕾温一把珍贵的刀具而引得她勃然大怒，更是引发乔痛下狠手，把西蒙打得半死，最终失去了对西蒙的监护权。之后三人虽各自历经磨难，却不约而同地一心修好。小说结尾处，主人公们尝试与家族和解、回归社群生活——克蕾温返回故乡，着手重建毛利议事厅，因为议事厅对她而言不仅仅是一栋建筑，还是一个聚会之地，是社区的生命中心，也是聚拢许多亲族与故人的岿然不移之地。为了悔过自新，反思自己酗酒，殴打、虐待西蒙，缓解与克蕾温的冲突关系，乔返回故乡，遇到一位毛利智者（kaumatua），后者帮助他重拾自信，恢复内心的平静。

正如福克斯（Stephen D. Fox）所言："每个角色再次与家庭和社会和解之前，都必须先回归土地。"② 与土地的紧密联系成为治疗疾病的一种媒介，角色必须与土地团聚，才能回归家庭与社会。因虐待西蒙被判入狱，服刑归来的乔孑然一身返回故乡，试图跳崖自杀。在故乡的土地上，一位毛利智者发现了他，帮他疗伤，治愈他，并让他代替自己作为土地管理员继续守护这片土地。老人告诉乔："也许我们放弃自己，在白人的道路上走得太远了，再也难以改变。这片土地现在死气沉沉的。圣灵虽仍与土地同在，但却不再活跃。人们也已经不再热爱这片土地了。"③ 听了老人的话，乔想到了被烧毁、被砍伐的森林；水坝、道路工程和开发计划给土地造成的破坏、留下的伤疤；贫瘠的围场上，外来的动物吃着不知从哪里进口的草；侵蚀、过度施肥、污染，等等，他逐渐明白了自己在这世界中的位置，意识到自己的疏离感源于自身与祖先的世界观和土地的脱节。毛利智者向乔讲述毛伊（Mauri）——最早的毛利定居者——

---

① 顾明栋：《论跨文化研究的殖民无意识》，《安徽大学学报（哲学社会科学版）》2022 年第 1 期，第 34 页。

② Stephen D. Fox, "Barbara Kingsolver and Keri Hulme: Disability, Family, and Culture", *Critique: Studies in Contemporary Fiction 45*, 2004 (4): 405-420.

③ Keri Hulme, *The Bone People*, p. 371.

的故事，阐述了土地的重要性和照顾它的必要，告诉乔要保卫这片土地，保护它的精神。乔一边照顾老人，一边代替老人守护这片土地和毛利传统文化。在故乡的土地上，乔放弃了白人世界观中的个人主义本质，转而支持更传统、以家庭和社区为中心的毛利人世界观，并最终打开了驱使他暴力对待西蒙的心结。

克蕾温与土地的内在联系从小说的开端就很明显地表现出来：克蕾温感觉自己是地球和更大宇宙的一部分，"我了解我自己。我是月亮的姊妹，一个被困在陆地上的潮汐孩子。海浪声总在我耳边回荡，我的血液中流淌着一股永恒的不满"①。当克蕾温带领乔和西蒙来到她的故乡莫兰吉（Moerangi），在海滩上的小屋边，克蕾温曾经感到如此依恋的风景，现在已经变得陌生——"痛苦、渴望和解脱。我离开这里太久了。太久了，这只是一段记忆。每当我听到一只海鸥的叫声，或者看到一双呼啸的翅膀，我的眼睛就会流泪。哦，土地，你已经沉浸在我的内心深处。海啊，你是我的血"②。西蒙从海滩上捡各种碎片，用橘子草、贝壳、木头浮片和海藻建造了一个螺旋形的音乐笼子。西蒙躺在沙滩上，把耳朵贴近那音乐笼子，并邀请克蕾温一起听那里发出的声音。克蕾温非常仔细地听着，突然意识到"她的血液脉搏、巨浪和海滩上微风的沙沙声结合在一起，形成了一种类似音乐的东西"③。通过这段经历，克蕾温明白了她与土地的关系——人类只是宇宙万物奏出的和声的一小部分。

克蕾温发现腹部长了肿瘤，但她拒绝接受白人医学治疗。和乔一样，克蕾温返回故土，等待死亡，这是另一种形式的自杀。弥留之际，克蕾温谈到了一生所爱："很少。地球。星星。大海。酷酷的古典吉他。令人悸动的弗拉门戈。太阳下或藏在地球母亲胸中的任何颜色。啊，爸爸，亲爱的，你还隐瞒什么快乐呢？风暴……还有雷鸣般的海浪。远处的寂静的海浪……哦，海豚和鲸鱼！唱歌的人，我的姐妹们……还有任何表现出温柔的勇气，坚定的爱的东西。"④在承认了她对土地的热爱之后，克蕾温终于说出了她对乔和西蒙的爱，结束了

---

① Keri Hulme, *The Bone People*, p. 89.
② Ibid., p. 166.
③ Ibid., p. 102.
④ Ibid., p. 423.

长期折磨她的精神创伤——只有通过与他人和土地的联系，整个人才能被治愈。克蕾温的病是她与家庭和社区隔绝的一种表现。然而，在故乡，她也遇到了一个具有超自然力量的神秘毛利老人。经毛利老人的点化，她努力克服心结，回归家庭。回到故乡不久，克蕾温就认识到，自己与土地的联系是不可否认的，她也是土地的一部分，土地支撑着她和所有人的生活。因此，她决定在故乡多待一段时间，并摧毁她离群索居的塔屋，结束离群索居的生活。克蕾温和乔一样，明白了作为一个脱离社会的人，她无法过着充实的生活，但她需要——就像所有人一样——与土地、社区和家庭保持联系，并最终选择放弃一些固有的白人文化特质，转而拥护传统的毛利人世界观。

关于现代城市毛利人重归故园的情形，格雷斯在《波蒂基》中也有过类似的描写。赫米失业后，举步维艰，他想起祖父的教诲，想起自己在故乡土地上的"学徒生涯"，还有学到的关于生长、季节和天气的知识。返回故乡的赫米很高兴自己还有土地可以耕种，"他一直知道，总有一天他会回到这片土地，这片土地会再次支持他们。仍然拥有自己的土地，这一点感觉真好。……现在，至少，这个家庭还在这里。故乡仍然有墓地和议事厅，而且房前还有干净的水。……人们又开始重新找寻他们的土地了。他们知道自己属于这片土地，一直都知道自己必须有一个立足点，否则他们就会像灰尘一样，被风吹着四处飞散——会迷失自己，甚至会消失不见"①。

休姆在《骨头人》所呈现的毛利社群里，将祖先遗留的山海土地视为毛利人的停靠之地，也是毛利文化的本地之根，认为土地的治愈力与毛利社区的精神传统紧密相关。主人公们最终明白独立于社区之外的个体永远无法独善其身，他们和社区的所有人一样，也需要从与土地、社区和家人的联系中找回自己。

五、结　语

"毛利文艺复兴"不仅将毛利文学置于"新西兰文学"的中心，而且是

---

① Patricia Grace, *Potiki*, pp. 60-61.

世界文学的中心，特别是在处理土著人民及其斗争的问题上，毛利文学已经取得了无可指责的权威。尽管对民族传统的具体态度有所不同，伊希马埃拉、格雷斯和休姆都在各自的作品中揭露出一个由文化（而非仅仅是血缘）维系的民族群体向度。三位作家的作品为读者提供了对当代新西兰土地状况的概述，通过强调过去、历史和传统的重要性，提醒人们注意这片土地对毛利人的重要性。与此同时，三位作家通过例证，说明欧洲人的到来改变了新西兰毛利人的生活，殖民对毛利文化造成了普遍破坏是不争的事实。尽管作家们在小说中都没有提出现成的解决方案，但是通过这些作品中对土地的不同表征，三位作家都表达了良好的愿望——毛利人和他们的土地仍有希望——只要重建与土地及其周围环境之间的关系，就能最终建构完整的毛利民族身份。

太平洋岛国文化研究

当代斐济文学特征概述

周芳琳 ①

摘要：南太平洋岛国斐济的文学发展呈现多元、动荡、沉重的特点。"多元"与该国多民族的构成、多语言的运用存在必然联系，文学的形式与内容多彩纷呈；"沉重"表现在其大量文学作品聚焦于印度斐济人这一族裔群体的悲惨经历，构成独有的"契约劳工文学"；"动荡"则表现在其"政变文学"的创作占比高居不下。这些特征的呈现归因于斐济独特的社会历史发展进程。受国家独立前英国殖民者的"分而治之"的统治政策和契约劳工制度所影响，本土斐济人和印度斐济人之间的关系复杂，两大民族之间一直存在着尖锐的矛盾和冲突，甚至导致这个国家发生一系列政变。

关键词：斐济；当代文学；多元；沉重；动荡

在一般人心目中，斐济这一南太平洋国度是全世界人的旅游天堂、度假的理想之地，但是那里的斐济文学发展并非如人们想象的那么纯净、自然和完美。由于斐济独特的地理位置、历史沿革、社会变化和文化碰撞，作为南太平洋文学的一个重要组成部分，斐济文学呈现出与众不同的特点：多元、沉重和动荡。

国内研究斐济文学的人数极为有限。有关斐济文学的可查词条屈指可数，且多存在于南太平洋文学的综述性文章中，常被简短带过。专论斐济文学的文章在知网仅见三篇，其中两篇分别是对作家雷蒙德·皮莱依（Raymond Pillai）

---

① 周芳琳，安徽大学大洋洲研究中心讲师。本文是上海交通大学彭青龙主持的 2016 年度国家社会科学基金重大项目《多元文化下的大洋洲文学研究》（16ZDA200）的子课题"多元文化视野下的大洋洲文学研究：南太平洋岛国卷"的阶段性成果。

的作品《庆典》（*The Celebration*）和斐济印度裔作家梅尼克·雷迪（Manik Reddy）的小说《瘸腿断了》（*Cripple No More*）的个体评析，《前进中的斐济文学》才是对斐济文学的唯一综合评述。该文归纳出"一、斐济还不曾出现过像西萨摩亚作家阿尔伯特·温特那样的文坛巨星；二、迄今为止的当地文学还不足以冠之以'斐济文学'的称号，拿不出经得起检验和推敲的作品。然而，在这样的国度里，文学倒是可以为人们提供一个共同的目标的。作家们至少可以避免加深矛盾和偏见，朝着有利于民族团结平等的方向努力"①。此文发表于 1991 年，文中对斐济作品的介绍止步于 20 世纪 70 年代末。迄今，时光划过四十年，斐济文学前进的脚步没有停止，并且随着国情、时代与社会的变化，呈现独特的状况。笔者深感有必要在前辈学者的研究基础上做出补充和完善，推进人们对斐济文学的认识和了解。

一、文学背景——斐济近代社会的种族矛盾

文学发展与社会时代、历史沿革息息相关，斐济的地理位置和近代社会历史造就了斐济独特的文学发展背景。在南太平洋诸岛国中，斐济有其特殊性。其一在于独特的地理位置——地处太平洋岛国的中心，是出入太平洋岛国的重要门户和"十字路口"，兼为诸多国际组织及区域组织秘书处所在地；其二在其不同寻常的人口结构：它是太平洋岛国中唯一一个外来移民人口多于土著居民且掌控一国经济命脉的国度，而这一现象的形成和由来需要回溯到英国殖民统治和契约劳工政策。

斐济 1874 年沦为英国的殖民地。为满足蔗糖业发展的需要，殖民政府在斐济大力发展种植园经济。栽种、收割甘蔗和其他经济作物需要大量人力，于是政府从英属殖民地印度引进了大量契约劳工（indentured laborer）。"据不完全统计，从 1879 年到 1916 年，大约有 62837 名五年制契约劳工先后从印巴

---

① 金昭敏：《前进中的斐济文学》，《淮北煤师院学报》1991 年第 4 期，第 97 页。

次大陆来到斐济，平均每年 2000 人之多"①。契约是通过签署一份协议获得工作，这份协议后来被工人们称为"girmit"或"girmitiyas"，具体规定了工作条件、工资、住宿和基本设施的提供。合同期限通常为 5 年，之后劳工可以再工作 5 年，以赚取返回印度的旅费。对许多劳工来说，契约制度有些"好处"：其一，生活条件比在印度要好；其二，由于来自不同背景的人必须在一起当"苦力"，所以种姓制度的划分没有那么严格。然而，来到斐济的印度劳工依然生活艰辛：工作时间长、劳动强度大，而且工资低廉。这意味着许多人即使想期满回国，也心有余力不足，无法在 5 年期满之后踏上返程，因此契约期满后的印度契约劳工大约有三分之二留在了斐济。

他们中的多数人并没有续签合同继续从事种植园工作，而是转向佃农、自由土地开发或经商等行业。从 19 世纪 80 年代开始，前契约劳工建立的自由定居点设立起来，自由移民从 1904 年开始抵达，印度—斐济社区的贸易和商业从而发展起来。虽然这些印度斐济人来自不同宗教和种姓背景，但因为生活空间狭小，多年的共存共融，发展成一个人丁兴旺、势力强大的族群。"到 1946 年，印度斐济人首次在人数上超过土著斐济人。1956 年，这种趋势得到有力加强，印度斐济人占总人口的 49%，而土著斐济人只占总人口的 43%。此后的 20 年，印度斐济人的数量继续保持高位增长，1986 年达到 348704 人。"②

尽管印度斐济人在斐济的商业部门中日益发挥重要作用，但受到殖民地政府设立的土地保有法的制约，他们无法施展社会和经济抱负，主要原因是英国政府为了稳固殖民政权，长期在其殖民地实施"分而治之"的政策。有鉴于土著人的土地在其他殖民地（如夏威夷）的转让所造成的破坏性影响，殖民当局决定保护斐济土著的土地所有权。时至今日，超过 80% 的斐济土地仍为土著所有，印度裔人很大程度上必须向土著业主租赁使用土地。殖民政府的保护主义政策将印度人和土著斐济人隔离开来，也使得这两种文化几乎完全是各自存在，保持各自独立的教育、宗教和其他社区机构。两大族群在宗教、习俗和价值观

---

① 吕桂霞：《斐济的印度移民：历史演变及影响》，《世界民族》2021 年第 5 期，第 36 页。
② 吕桂霞：《斐济的民族主义与种族冲突——1987 年斐济军事政变的起因分析》，《太平洋学报》2014 年第 6 期，第 72 页。

上的文化差异反映在社会生活诸多方面：土著斐济人绝大部分信奉基督教，使用南岛语系方言；印度斐济人大多信奉印度教，还有 15% 的穆斯林，使用语言为印度语和英语。土著斐济人将土地视为民族文化的遗产，印度裔斐济人则将土地视为商品。斐济作为有过被殖民经历的国家，独立后沿用了西方的政体管理和法治建设，印度斐济人通常循此而行；而土著斐济人有从部落制流传下来的自己独有的管理生活和财产的习俗和制度，英国殖民当局通过法规还保留了这些习俗和制度的大部分内容。

为了争夺有限的生存空间，斐济土著族群和印度裔斐济人之间长久以来一直在歧视、矛盾和冲突中挣扎。正如印度裔斐济作家苏布拉马尼所言，自独立以来，双方都认为自己是"受害者"：斐济族裔人拥有土地和政府管理权，却不具备相应的社会—经济地位；印度族裔人"肉眼可见的掌控大小城镇的商业，却只拥有 2% 的土地，还长期困扰于契约劳工的后遗症"①。两大民族客观存在的民族文化差异，使其难以实现民族间真正意义上的融合。种族对立的紧张关系也使得政局不稳，1987—2000 年发生了四次军事政变，斐济共和国成为目前世界上民族矛盾和种族冲突最为严重的国家之一。毫无疑问，这些事件对斐济土著和印度斐济人的关系产生了深远影响，同时也激发了相关文学作品产生，显示并探讨问题，寻求解决途径。

二、契约劳工文学

这里的"契约劳工文学"指的是关于在斐济劳作的印度裔契约劳工及其后裔的生活遭遇的文学创作，其诞生于 20 世纪初期殖民统治下的斐济。伴随印度裔劳工离散在斐济的人数增多，与土著斐济人之间的种族矛盾问题愈加突出，印度裔斐济作家们大量产出关于该题材的文学作品，成为斐济文学中的一种独特文学呈现，甚至有学者从文学理论角度去分析探讨契约劳工之现象。

斐济的第一部印度裔作者的创作可以追溯到 1914 年陶特拉姆·萨纳迪亚

① Subramani, *Altering Imagination* (Suva: Fiji Writers' Association, 1995), p. 35.

（Totaram Sanadhya）的印地语作品，后来被翻译为英文，书名叫作《我在斐济群岛的 21 年》，该书揭露了斐济契约制度的弊端，并呼吁当时印度的领导人给予帮助。对萨纳迪亚来说，在斐济的生活比地狱好不了多少。自此，斐济印地语逐渐发展成为一种文学表达，激发许多有创造力的印度斐济人用母语表达自己的想法。

对契约劳工的最负盛名又经久不衰的文学探索是印度裔斐济作家苏布拉马尼。1979 年，为了纪念印度人在斐济群岛居住 100 周年，他编辑了文集《印度－斐济人的经历》（An Indo-Fijian Experience），体现出斐济文学新兴而多元的一面。他的短篇小说集《幻想食者：来自斐济的故事》（The Fantasy Eaters: Stories from Fiji，1988）对契约劳工从多方面、多角度做了描述：种植园的生活和经历、移民的经历、集体和个人身份的斗争、多元文化主义和殖民主义。其中的故事"萨乌图"（Sautu）发生在前契约劳工设立的定居点、一个肮脏的小村里，讲述主人公丹帕特（Dhanpat）从契约劳工沦落到年迈贫穷的境遇直至精神的崩溃。像许多其他到期的契约劳工一样，"无处可去"，丹帕特哀叹"过去的秩序"——契约的痛苦和"新的痛苦"——他儿子苏摩的离开。故事"告诉我火车去哪里"（Tell Me Where the Train Goes）回归到印度斐济劳工作为甘蔗种植园工人的悲惨境遇：勇敢的女人昆蒂和她的儿子马努在苦力营房里面临虐待和暴力，两人决定逃离这种可怕的生活，但他们"无处可去，在营地遭遇了海难"[①]。故事"金盏花"（Marigolds）出自一位印度斐济教师切特拉姆（Chetram）的述说，他觉得自己被斐济人视作"城市化的印度斐济人中金钱至上的成员之一"[②]，极度受困于一百多年来印度裔的契约劳工意象，因为他的房子标志着合法住房地块的结束和非法定居的开始。他发泄了他的存在主义焦虑，"我的一生都是按照别人的期望生活的"，"这里没有可选择的生活：这些岛屿上一百年的历史导致了荒野和痛苦"[③]。

---

① Subramani, *The Fantasy Eaters: Stories from Fiji* (Washington, DC: Three Continents Press, 1988), p. 25.

② Ibid., p. 45.

③ Ibid., p. 67.

　　多年之后，年事已高的苏布拉马尼出版了用印地语创作的长篇小说《斐济妈妈——千人之母》（*Fiji Maa: Mother of a Thousand*, 2018）。该书酝酿十四载，长达上千页，是作者结合自身经历写就的斐济印度人变迁的历史。小说从主人公维德马蒂（Vedmati）的童年写起，将其在斐济拉巴萨岛上的教育经历、婚姻生活，以及在首都苏瓦失伴独居生活都一一描绘。像猫一样，她有很多条命，也有许多的名字。苏布拉马尼写出了历史感的斐济印度人的痛苦历程，诸如妇女解放、庶民历史、母国印度的扩张、乡村田园生活的消失、外来的印度文化、劳工移民心理创伤等。作为一个斐济印度作家，苏布拉马尼从自己生存的社会现实内部去真实地描述他们的群体，希望重新恢复印度的形象，将他们从殖民主流话语中纠正过来，实现外来签约劳工移民在这片土地上真正的身份。

　　如果说早期的印度裔斐济作家对自己成为苦力（Coolie）的身份比较敏感，后期作家则比较关注自己在斐济的地位与成长，表现南亚印度人的离散与身份的迷失。新一代作家、诗人苏德什·米什拉（Sudesh Mishra）在其诗歌与散文的合集《离散与死亡的艰难艺术》（*Diaspora and the Difficult Art of Dying*, 2002）中表达对印度苦力的关注，他将印度劳工的悲惨经历比喻成"苦力奇幻历险"（Coolie Odyssey），他们历尽千辛万苦跨越洲际来到斐济拓殖，但念念不忘自己的身份，思念自己的祖先。他在诗歌"想要成为婆罗门者的忏悔"中写道：

> 哦，湿婆，哦，帕尔瓦蒂（湿婆之妻），哦，难近母，
> 尽管我越过了卡拉帕尼，
> 而且我也失了种姓而身败名裂，
> 请原谅我的僭越。

　　诗中人物因为只身来到异国他乡，失去了种姓身份，文化上从此无依无靠，只好不断忏悔，期盼作为离散的印度人能够得到印度神灵的宽宥和理解。引文表明这位斐济印度诗人，尽管已经被迫误入歧途，但仍渴望保留印度人的身份。

　　同为印度斐济人的作家赛坦德拉·南丹（Satendra Nandan）是斐济最多产

的作家和诗人。他的艺术创作也表现出对契约劳工的高度关注。他的诗"我父亲的儿子"（My Father's Son）最好地捕捉了南丹从他的祖父、印度契约劳工到现今的转变，从祖父的到来"一个生命进入另一个生命"，适应当地文化，"但烈酒的气味在角落里 / 我曾经在那里侍奉斐济人"直到这一代契约劳工的死亡："他在睡梦中死去 / 他太老了——没有人知道他的年龄"，土地租约到期"他的土地，他的妻子被埋葬 / 两周前被'保留'"，"但在我周围只有死亡和衰败"。印度移民在斐济遭受不公待遇，处于错置的痛苦当中，种族地位低下，这不免让诗人通过回忆与联想来追索自己的身份，他写道：

> 这个小村庄是我的第二个生养我的地方，
> 这座小岛也将是我最终的坟墓；
> 那个形成——也扭曲了我父亲的生命的地方，
> 也将是我生与死的地方！

诗中的村庄和小岛，一方面隐喻印度移民在此生老病死的斐济国，一方面也象征了印度移民生活的历史背景与地理实体，让生活于此地的印度人思考自己在斐济的未来。

雷蒙德·皮莱依被认为是斐济最优秀的短篇小说作家，《庆典》（1980）和《线的尽头》（2008）是他的短篇小说集。这些故事围绕着印度斐济人社区的"日常"生活空间展开。主要探讨的主题是种族差异、归乡愿望、政治紧张局势、移民和谋生。在《庆典》中，皮莱依强调了印度-斐济社区之间尖锐的宗教分歧。拉玛（Rama）希望在圣诞节那天宰杀一只山羊，对于印度斐济人来说，圣诞节作为一种庆祝活动与盛宴和饮酒有关。但拉玛的母亲拒绝了拉玛的愿望，因为他们还没有为她已故的丈夫进行一年一度的祈祷（Salina）。

大量面世的契约劳工文学促使印度裔斐济学者维杰·米什拉（Vijay Mishra）从理论高度上进行了思考和探讨。在著作《印度离散文学：对离散想象的理论化》（*The Literature of the Indian Diaspora: Theorizing the Diasporic Imaginary*，1992）中，他采用"契约劳工意识形态"（girmit ideaology）的表述来分析阐述这一劳工群体的离散现象。"girmit"是英语"合同"或"契约"在契约劳工口中的斐济印地语称呼（旧用法）。离散到斐济、南非、圭亚那、特立尼达、毛里求斯和苏里南的那些古老散居地的南亚人"或多或少占据着他们与其他殖民民族互动的空间，与他们有着复杂的权力和特权关系"[①]。并且，他区分了"新""旧"的印度离散，其中旧的离散指的是在19世纪和20世纪将契约劳工带入欧洲殖民地的苦力贸易。他认为，girmit是一种独特的底层种植园体验——指代一种意识形态、一种想象的信仰系统，定义了一个"底层知识类别；它源于集体契约精神"[②]。这种意识的中心思想是，曾经承诺在殖民地找到财富并返回印度实属幻想[③]，而过往经历和种植园共同带来的创伤与资本主义和劳动剥削有关。米什拉总结说："就印度侨民的想象而言，girmit意识形态的重要性在于它作为一个破坏性的不幸熔炉发挥作用，并作为一种理解我们投资于自己不幸方式的方式。对于老种植园的印度侨民来说，girmit意识形态是一个幽灵，它提醒侨民的下一代无尽的不幸。"[④]

三、政变文学

不难理解，"政变文学"指的是从20世纪80年代斐济发生第一次军事政变后产生的与之相关联的大量文学创作，这也是斐济文学中有别于其他世界文学的一个特点。

长期的种族矛盾导致了国内局势紧张，政局不稳：斐济建国后至今，共发生了四次政变，成为世界上至今发生政变最多的国家。1987年，代表印度族群的民族联合党在大选中获胜，组成印度族人占多数席位的政府，蒂莫西·巴万德拉（Timoci Bavadra）担任总理，但是斐济族人不满这一结果。5月14日，

---

① Vijay Mishra, *The Literature of the Indian Diaspora: Theorizing the Diasporic Imaginary* (Routledge, 2007), p. 3.

② Ibid., p. 22.

③ Ibid., p. 23.

④ Ibid., p. 70.

军方领导人兰布卡（Sitiveni Rabuka）以消除骚乱、恢复斐济人的生活方式的名义，发动政变，接管政权。这种对民选结果不认同的行为自然遭到了来自各方的谴责。兰布卡迫于压力，放弃权力，由加尼劳总督暂行管理国家。9月23日，联盟党和民族联合党达成协议，组成两族分享权力的政府。但是兰布卡认为实现斐济族人统治的目标未达到，于9月25日再次发动政变，宣布建立斐济共和国，组建斐济族人占优势的政府。该事件引发印度人的外移风潮，斐济经济也因此一蹶不振，到1997年才有所好转，但民族矛盾并未消除。2000年5月19日，首任印度裔总理马亨德拉·乔杜里（Mahendra Chaudhry）在内的45名内阁成员和议员被军方及斐济裔民族主义者扣为人质，大量印度商店被破坏。动乱在7月被平息，年末再次发生政变，斐济武装部队司令弗兰克·姆拜尼马拉马（Frank Bainimarama）取代莱塞尼亚·恩加拉塞担任国家总理。一系列政治危机，尤其是多次政变，对斐济造成的影响是巨大而且多方面的：经济、对外关系、民众生活、思想信仰……斐济的文化和文学活动毫无例外也受到影响，不同族裔的作家们纷纷给出了自己的回应。

印度裔作家塞坦德拉·南丹同时也是1987年巴万德拉领导的斐济联合政府中的工党成员，并担任健康和社会福利部的部长。作为亲历者，他大量著述政变及其对印度斐济人产生的影响。在他的半自传小说《受伤的海》（*The Wounded Sea*, 1991）的第四部分，南丹回顾了1987年的政变事件，包括政变中巴万德拉和他内阁成员在第一次政变后的被捕和拘禁，以及南丹自己在第二次政变后离开斐济、自我放逐澳大利亚。南丹在他的非虚构类作品当中也探讨了政变事件及其影响，包括《斐济：零落的天堂》（*Fiji, Paradise in Pieces*, 2000）和《彩虹安魂曲：一个斐济印度人的故事》（*Requiem for a Rainbow: A Fijian Indian Story*, 2001）。

诗人苏德什·米什拉也有许多创作涉及政变之事。他用诗歌纪念亡故的巴万德拉总理。在"挽歌"中，他将巴万德拉奉为印度斐济人的希望，"我们的诺亚方舟"，赞送他"谦卑 / 在所有的虚荣之中"。在"被拘禁者Ⅱ"中，苏德什·米什拉致敬南太平洋大学讲师索姆·普拉卡什，普拉卡什因为在1988年对新出版的兰布卡中校的传记有所批评而被关押两周之久。在自己的文集《离散与行将死亡的艰难艺术》中，米什拉更加密切关注政变的后续影响，用诗歌语言去思考政变后在太平洋沿岸的"西方"国家中发展起来的印度侨民群体的未来命运。

苏布拉马尼在编辑《印度－斐济人的经历》三十年后，受邀编辑另一本书，原因是自20世纪70年代末以来，斐济的社会和政治生活因一系列政变及其后序产生的创伤经历而发生了巨大改变。政变引发了许多不同的叙述，有书面的，也有非书面的，于是文集《迁移的地点》（*Shifting Location*，2009）应运而生。文集中相当一部分内容汇集了契约劳工后裔适应新环境的艰难故事。苏布拉马尼说，前后三十年的两次编辑，感受大有不同。他回忆此前编纂《印度－斐济人的经历》的时候，斐济开始建立一个理想的多元文化社会，新成立的大学为提升高等教育水平和促进智力和文化辩论提供了机会。印度裔斐济作家致力于文学创作，希望他们的作品能够为斐济这个国家的宏大叙事做出贡献，那是一个充满乐观情绪的时代；但在编纂《迁移的地点》这本书时则心情较为沉重：政变过后，作品多是关于流离失所和错位的。

另一方面，土著出身的作家在政变发生后大多数表达了对斐济土著人的支持，他们的理由是原住民身份优先，反对"殖民"和"移民"文化。比如，女诗人科娜依·塞曼（Konai Thaman）为此作诗《致上校》（*To Colonel*）。虽然塞曼出身于汤加，但是她从1974年至今一直都在斐济苏瓦居住、任教，成为斐济文学中的重要一员。她在诗中制造了一杯卡瓦酒的意象，敬酒献给的是陆军中校，因为是他和他的部队逮捕了当选总理和他的内阁成员。在斐济，卡瓦酒是仪式上的必饮品，这种轻度醉人的饮料提取自斐济几乎无处不在的植物卡瓦的根。除了卡瓦，诗中的杯子里还装有工人、农民、矿工和渔民的眼泪，这杯卡瓦酒因而具备了象征意义，它代表着痛苦和悲伤，但它也代表着希望，因为酒杯里的一切来自土地——这是斐济人民的骄傲之源和信心之源，他们的土地在新的一天的黎明将绽放花朵。

当然，还有一部分斐济作家产出作品，竭力表达意图，缩小这些灾难性事件造成的鸿沟。例如土著剧作家维尔索尼·恒瑞尼科（Vilsoni Henriniko）是为数不多的在1987年政变发生后留在斐济并寻求缩小种族和文化冲突的作家之一。戏剧《妖怪》（*The Monster*，1987/1989）就是为此而作。政变敏感时期，任何有关政治立场的写作都必须谨小慎微，剧本用寓言形式写就，两位主人公塔（Ta）是斐济土著，鲁阿（Rua）则是斐济印度人，隐喻了参与政变的种族冲突双方，戏剧的结尾是争斗的双方最后合力打败了妖怪，分享了胜利成果。该戏剧暗示了作家结束种族冲突、共建斐济美好家园的愿望。

还有一部分作家本着客观态度来记录、展现政变及其后续影响。1990年，南太平洋大学的文学教师阿琳·格里芬（Arlene Griffen）与印度裔斐济作家雷蒙德·皮莱依一起，编辑发表了一个收藏集，题名《尽心竭力：政变后的斐济文学》（*With Heart and Nerve and Sinew: Post-Coup Writings from Fiji*，1990），以纪念1989年11月3日逝世的蒂莫西·巴万德拉医生（第一次政变时期的在任斐济总理）。之后，十周年纪念版（2000年版）问世，提供了十年之后人们的看待角度。该书汇集了诗歌、故事、散文、信件、演讲和日记摘抄、报纸复印件和期刊文章及致编辑的信件，还有照片、彩色重印油画、绘画、戏剧、个人思考、社论、漫画，以及针对"政变那天你在哪里？"这一问题的一个录音谈话记录。格里芬在前言中说，整个收藏集代表着一种尝试，试图展现1987年5月14日斐济发生第一次军事政变之后供稿者的生活变化。这本书旨在"尽心竭力展现事实，使得变化的呈现正如人们感同身受"①。

简而言之，政变对无论印度斐济人还是土著斐济人来说都产生了不可磨灭的影响，促使不同族群的作家们都用文字去记录和思索发生在自己周围的一切，并且对未来产生思考，有理性，有使命感。

四、多元文学

通过以上阐述，我们已知斐济是一个土著族群和印度移民，以及其他包括欧洲裔、华裔在内的少数民族杂居的多民族社会；斐济拥有斐济文化、印度文化、

---

① Arlene Griffen, *With Heart and Nerve and Sinew: Post-Coup Writings from Fiji* (Suva: Christmas Club, 1990), p. 7.

原宗主国英国的文化，以及其他欧洲移民甚至中国移民的文化。印度移民的到来，极大改变了斐济的人口结构，进而对斐济的宗教、文化、教育甚至政治产生了重大影响，换句话说，正是英国的殖民统治和印度移民特别是契约劳工的到来，才造就了今天多民族、多语言、多宗教、多文化的多元斐济。这意味着斐济具备得天独厚的有利条件去发展多元化文学。这可以从以下几方面得到概括：

其一，斐济文学存在多语言发展状况。斐济使用的常用语言有斐济语、印地语和英语三种，还有属于波利尼西亚文化圈的罗图马语（Rotuma）。语言，作为文学的表现形式，已经在斐济呈现出多样化情形。换句话说，来自斐济群岛的文学作品就像它的人民一样多样：在斐济文学的万神殿中，有外籍人士和当地土著的作品，有英语作品和斐济土著语作品，有来自罗图马岛的作品，还有印度斐济人的作品，它们共同为斐济文学增添色彩。

其二，斐济存留古老的口述文学传统。大洋洲地区有着丰富的口述传统，位于南太平洋十字路口的斐济成为南来北往的各地口传文学的汇集地。千百年来口口相传的神话、民间传说、歌谣等构成斐济民间文学重要的组成部分，同时，作家们推陈出新，将上述口头传统收录进自己的创意写作中。例如阿卡尼西斯·索布索布（Akanisi Sobusobu）在《禁忌》（*Taboo*，1980）中讲述的有关打破斐济习俗中的重要禁忌的故事；斯蒂芬妮·卡洛尼维提（Sitiveni Kalouniviti）撰写的《童年经历》（*A Childhood Experience*，1972）中有关斐济的鱼神达库瓦卡（Dakuwaqa）的故事，传说这条大白鲨可以做出救人的神奇事迹；以及尼尔·恩格多（Neal Engledow）的短篇小说《尖骨头》（*Pointed Bone*，1981）。口头文学为斐济现当代作家们提供了丰富的创作源泉。

其三，1968 年在斐济成立的南太平洋大学是太平洋地区多元文学的集中地。南太平洋大学在多个南太平洋岛国设有分校，而主校区"劳加拉"（Laucala）正好位于斐济首都苏瓦，集聚了来自包括密克罗尼西亚、美拉尼西亚、波利尼西亚的各太平洋岛国的学生，不同人种、不同文化汇合交流，这里实为推行多样化的绝佳场所。值得一提的是，1972 年在南太平洋大学成立了一个南太平洋创意艺术协会，它直接受到了 20 世纪 60 年代末和 70 年代初巴布亚新几内亚涌现的创意写作的启发，很快就成了创意写作运动的中心。南太平洋大学一时成为多元文化和文学的代表。南太平洋文学的杰出代表多数都出自这里，比如印度裔斐济作家塞坦德拉·南丹、萨摩亚文学之父艾伯特·温特、汤加的文学家兼人类学家埃佩里·豪欧法等。

其四，发展民族文学的同时，斐济与世界文学的融合愈加密切。不同作家根据社会现实生活的需要，将外来的艺术表现手法与民族传统糅合在一起，重新改造，创造出既有民族、地域特点，又具有世界性的文学作品。例如，被誉为"当今南太平洋最佳剧作家"的维尔索尼·恒瑞尼科之前写有现实主义的三幕剧《塞拉的选择》（*Sera's Choice*, 1987），展现了老少之间的代沟冲突和城市与乡村间的冲突。剧本讲述两个南太平洋大学的年轻人在毕业前夕决定结婚。塞拉是斐济土著渔民家庭的女儿，新郎则是富庶的印度商人的儿子。跨越种族的婚姻是这对新婚夫妻喧嚣生活的开始，因为两个家族之间有着深深的偏见甚至敌视。但是这剧作绝不是《罗密欧与朱丽叶》在斐济那玛迪高地的翻版，而是展现了当代大洋洲岛国的一些社会问题，比如说种族问题、萨义德书中提到的"他者"观念、斐济的城乡价值观冲突，以及岛国女性角色的急剧变化。如果认为上述作品还限于岛国内部，属于民族性创作，那么他于1993年创作的《天堂的最后一个贞女：一部严肃喜剧》（*The Last Virgin in Paradise: A Serious Comedy*）则明确显示出作家与国际接轨，剧作艺术水平日臻完善。一位来自欧洲的退休的心理学教授赫尔默（Helmut），来到风光旖旎的南太平洋小岛马拉瓦（Marawa），想找一个美丽贞洁的土著姑娘希娜（Hina）做新娘，带离海岛。在这里，他遇上了一位哈佛大学到此调研收集性骚扰话题资料的人类学家吉恩（Jean）和一位岛国土著特玛努（Temanu），她曾经就读于澳大利亚国立大学，是一位女权主义者，来海岛的目的是寻根问祖。有趣的故事围绕四位展开。该剧比作家以前的剧都复杂，了解南太平洋历史的读者从四位角色的定位即可悟出该剧的高度象征性，作品极具现代主义风格。学者西格·施瓦茨（Sig L. Schwarz）如此评价："这部非凡剧作的力量在于，套着滑稽剧的名称和小丑的天鹅绒手套，给出了带有坚定政治主张和深刻心理洞察力的强有力的一击。"[1]

新一代诗人苏德什·米什拉的作品与其他许多后殖民时代的印度移民的著名作品有交集，既让人想起奈保尔的悲观主义，也让人想起霍米·巴巴和拉什迪的著名作品。他有许多诗极具现代派风格，例如，他的诗歌散文合集《离散与死亡的艰难艺术》的最后一篇作品是意识流独白，让人联想到詹姆斯·乔伊斯和弗吉尼亚·伍尔夫等现代主义作家的作品。此外，他在后殖民文学研究方面也颇有建树，出版了著作《离散批评》（*Diaspora Criticism*, 2006）、《准备面孔：现代主义与英语印度诗歌》（*Preparing Faces: Modernism and Indian Poetry in English*, 1995）。

其五，斐济女性作家的崛起。桑吉塔·辛格（Sangeeta Singh）是斐济的酷儿视觉艺术家和诗人，她编纂了名为《瓦苏：太平洋女性权力：斐济首届女性展览》（*Vasu: Pacific Women of Power, Fiji's First All Women Exhibit*, 2008）的选集，收录了 40 多名散居在斐济和所罗门群岛的斐济妇女的作品，强调整个太平洋地区女性作为一个多民族空间的联系。她本人在选集中发表的三首诗挑战了文化停滞的观念，扩大了斐济印度裔妇女可能的身份类别，包括土著联盟和酷儿[2]。此外，作家玛丽·罗科纳德拉乌（Mary Rokonadravu）因其小说《守夜人》（*Nightwatch*, 2022）获得 2022 年英联邦最佳短篇小说奖（太平洋地区）。英联邦短篇小说奖每年颁发给英联邦 54 个成员国中最佳的未出版短篇小说。在这个奖项上，罗科纳德拉乌得到三次题名，获奖两次，显示出她的获奖绝非偶然，更是实至名归。《守夜人》讲述一群互不相干的人通过一系列事件走到一起的故事，这些事件包括采矿、边缘就业、性工作和烘烤面包，背景是一场政变和一位基督教女先知的崛起。评委认为："《守夜人》是一部讽刺而辛辣的

---

[1] Sig L. Schwarz, "Review of the Last Virgin in Paradise: A Serious Comedy", and Manoa: "A Pacific Journal of International Writing", in *The Contemporary Pacific*, 7, 2, pp.406-408.

[2] "酷儿"（Queer）由英文音译而来，"怪异"之意，原是西方主流文化对同性恋的贬称。20 世纪 90 年代，在美国学术界的号召下，该词被赋予新义，被性少数群体和学界用来表达对主流性别体制的抗拒和不满。"酷儿"是所有不符合主流性与性别规范的性少数群体所使用的身份、政治和学术用语。它既是身份标签（性别酷儿），也是一种政治策略（性别酷儿或酷儿身份），同时也是一种文化分析概念（酷儿理论）。

作品。太平洋地区当前的环境危机被巧妙地与一场政治政变的背景放在一起，以一个扩展的隐喻来破坏和动摇欧洲中心价值观，如精英统治、阶级主义、消费主义和基督教。角色通过古怪的对话、当地语言的使用、在一个被殖民主义蹂躏的支离破碎的混乱国家中贯穿着一种具体的地方感，从而变得生动起来。"①

五、结　语

文学是现实的反映。由于斐济与众不同的发展历程，斐济文学呈现出多元而又动荡、沉重的特点，它的契约劳工文学和政变文学特立独行，有别于任何其他世界文学，其中透露的辛酸、创伤、沉重多多少少透露出吸引世界各地游客纷至沓来斐济的广告语所言非真："斐济是多元文化的天堂""世界该是斐济的模样"。

在日益多元的全球化时代，不同族裔的斐济作家们克服困难，继承传统，推陈出新，带着使命感笔耕不辍，用多姿多彩的斐济文学继续着融入世界文学的进程。

---

① 参见 https://fijitraveller.com/people/mary-rokonadravu/。